Liliane Giudice

Ohne meinen Mann

Liliane Giudice

Ohne meinen Mann

Aufzeichnungen einer Witwe

Kreuz

Inhalt

Millionenfach

Wie viele Witwen stehen in diesem Augenblick irgendwo auf einem Bahnsteig, und niemand erwartet sie; wie viele hoffen in diesem Augenblick auf ein Klingeln des Telefons, nur um sekundenlang eine Stimme in der leer gewordenen Wohnung zu hören; wie viele hasten in diesem Augenblick durch die Großstadt, um ihre Einsamkeit zu verbergen, und haben doch niemanden, für den sie heimeilen? Millionenfach in diesem Augenblick, überall auf der Welt verkrampft sich das Herz einer Frau, die ihren Mann verlor.

Für diese Frauen und für mich wollte ich dieses Büchlein schreiben, gleichgültig, ob es eine je lesen würde oder nicht. Vielleicht tröstete es doch einmal eine einzige Witwe? So dachte ich, damals, ehe meine Aufzeichnungen erschienen. Ich meinte: Zu erfahren, dass eine andere so leidet wie man selbst, mag ein Trost sein, einfach weil man sich verstanden fühlt, und sei es von einer Unbekannten. Alle Frauen, die ihre Männer liebten, erleiden denselben Schmerz. Aber jeder Schmerz wandelt sich, und wie er sich wandelt, das unterscheidet die Trauernden voneinander.

Wunderbare Alchimie des Leidens: Mich dünkt es ein Wunder, wie aus einer Qual, die einen auszulöschen droht und die man zuerst leidenschaftlich bekämpft, eine Quelle der Kraft wird. Über dieses Wunder möchte ich schreiben. Jede Trauernde kann es erfahren, auch wenn sie es zuerst nicht glaubt, und nach langem Ringen kann jede aus ihrem Leid in eine frohe Zuversicht gehoben werden. Wann? Man muss in der Trauerzeit warten lernen. Wir dürfen nicht ungeduldiger sein als Gott.

Der Bannkreis

Etwas so Seltsames

> »Der Tod ist doch etwas so Seltsames,
> daß man ihn, unerachtet aller Erfahrung, bei einem uns teuren Gegenstand nicht für möglich hält und er immer als etwas Unglaubliches und Unerwartetes eintritt. Er ist gewissermaßen eine Unmöglichkeit, die plötzlich zur Wirklichkeit wird.«
> *Goethe*

Der Arzt kam aus der Tür, durch die Oki eben noch hineingegangen war, und sagte: Er ist tot. Sekundenherztod. Eine Unmöglichkeit war plötzlich zur Wirklichkeit geworden. Heute, nach Jahren, habe ich keine Worte gefunden, die den Beginn des Leidensweges treffender ausdrücken könnten. Jede Frau, ob gläubig oder ungläubig, ob auf den Tod des Mannes vorbereitet oder von ihm überfallen, wehrt sich, indem sie hinter die Mauer der Unmöglichkeit flüchtet.

Ich war dreiundfünfzig Jahre alt und hatte trotz Krieg und Bombenangriffen keinen Toten gesehen. Außer Bibelworten wusste ich nichts vom Tod, den wir immer mehr vom Alltag ausschließen, statt ihn einzubeziehen, nicht mit Angst und Abscheu, sondern mit Vertrauen und in der Hoffnung, dass er uns in einen Bereich der Freude führe.

Der Arzt wartete. Ich musste etwas sagen, wovor ich mich scheute: Ich möchte zu meinem Mann. Ob Oki die Augen offen hatte? Ich glaubte, dass man den Toten die Augen schlösse, aber ich wusste nicht wann; ich hatte Angst vor einem starren Blick. Ich war erleichtert, Oki hatte die Augen geschlossen, seine Züge waren friedlich, nur sehr ernst. Sein Ausdruck war sonst Lächeln und Freude gewesen, auch in harten Zeiten. Ich setzte mich neben ihn. Ob seine Hand kalt war? Ich berührte sie zaghaft, sie war warm.

Ich fing an leise mit ihm zu sprechen. Es heißt, dass die Toten während der ersten drei Tage die Worte hören, die man ihnen zuflüstert. Ich lächle nicht über diesen Aberglauben, denn mir war es natürlich, mit Oki zu reden, und ich hoffte unbewusst, dass er es hören würde.

Gespräch mit einem Toten, Gespräch voll zärtlicher Hingabe, weil man dem Toten seine Liebe auf den Weg mitgeben möchte; man wird sich ja lange nicht mehr sehen. Ein scheues Gespräch, denn ein Geheimnis hat sich zwischen uns geschoben. Im Schlaf hast du mich auch verlassen. Gott geleite dich. Ich sagte Gott, obgleich er sehr fern war. Du liegst neben mir und ich streichle deine Hand. Ich fühle Frieden; ich bin glücklich, weil ich dich liebe. – Es war eine letzte Gnade, bis das Begreifen hereinbrach.

Der Mann in Schwarz

Jemand kam ins Zimmer und führte mich in einen Nebenraum. Ein Herr in Schwarz stand da, sprach mit gedämpfter Stimme und fragte, welchen Sarg ich haben wollte, aus Eiche oder Tannenholz.

Eben noch hatte Oki singend die Blumenkästen in den Garten gebracht, dann waren wir zu seinem Arzt ins Sanatorium gefahren, weil er sich nicht wohl fühlte, und jetzt fragte man mich nach seinem Sarg. Ich schrie den Mann an und wurde unsicher. Oki war doch nicht tot?

Ich verlangte nach jenem Arzt, der sich geirrt hatte; ich wollte ein Zimmer für Oki im Sanatorium haben, man lehnte ab. Ich wusste nicht, dass man in einem Sanatorium nicht sterben darf und, wenn es dennoch geschieht, dass man die Toten schnell und unauffällig wegschafft, um die Lebenden nicht zu schrecken. Dann wollte ich Oki nach Hause bringen lassen. Ich muss tun, was Sie wollen, sagte der Arzt, aber lassen Sie ihn doch in Frieden. Wo aber sollten Oki und ich Frieden haben? Ich wusste nicht, wohin man die Toten bringt, ich wollte nur neben ihm sein, in irgendeinem Raum, und weiter mit ihm sprechen.

Als ich es begriff

Plötzlich hatte ich keine Kraft mehr; ich musste nach Hause zu Freunden, die mir helfen würden, um Oki zu kämpfen. Auf dem Weg zum Wagen lief mir jemand nach: »Sie haben den Mantel vergessen.« Ich sah die Frau verständnislos an; sie legte mir Okis Mantel über den Arm. Jetzt war mit brutalem Schlag die Unmöglichkeit für mich zur Wirklichkeit geworden. Auch wenn man den Tod durch liebende Menschen behutsam erfährt und nicht in der Todesstunde des Mannes den Sarg aussuchen muss – es bleiben die brutalen Schläge und waren nur die ersten meiner Leidenszeit.

> »Das Verschwinden eines Menschen von der Erde ist schauerlich.«
> *Jeremias Gotthelf*

Es war schauerlich. Ich flüchtete in den Wagen. Der Mantel, den Oki eben noch ausgezogen hatte, lag auf meinem Schoß, ich atmete seinen Geruch ein, wagte nicht ihn anzurühren. Wir fuhren an den Villen vorbei, an den Straßenarbeitern, die Oki eben noch gesehen hatte. Nein, nicht wir, *ich* fuhr vorbei.

Jetzt war der Schmerz eingebrochen, und jetzt war Gott da. Es war, als ob er mich in Fetzen reißen würde. Es war der Gott, der mich entsetzte. Mein Gott, mein Gott – ich hing nur an diesem Wort. Wenn ich es losließ und nicht mehr vor mich hinsagte, fiel ich in einen Abgrund. Eine Welt, in der man das Liebste nicht festhalten kann, ist eine Welt, in der man ertrinkt, wenn es Gott nicht gibt. »Ich fürchte mich vor Dir, dass mir die Haut schaudert, und ich entsetze mich vor Deinen Gerichten.« Dieselbe Angst schüttelte mich wie vor Tausenden von Jahren den Psalmisten. Ich konnte nicht beten, ich konnte nur verstandlos wimmern: Mein Gott, mein Gott. Das Wort hielt mich.

Das Räderwerk

Ich betrat unsere Wohnung mit Okis Mantel über dem Arm. Er hätte gewusst, was man jetzt tun musste; ich war allein und konnte niemanden fragen. Der Tod bedeutet, dass man gezwungen wird, ein Räderwerk in Bewegung zu setzen; ich ahnte es und zögerte. Ich lief in der Wohnung hin und her, von der Stille gejagt. Dann rief ich den Dekan an, und damit wurde im Trauerhaus ein Mechanismus in Gang gebracht. Der Dekan kam, und auch der Mann in Schwarz war wieder da. Ich sollte über Zeremonien entscheiden, Telegramme senden, telefonieren, wo doch Gott gehandelt hatte, Gott, der mich am Genick gepackt hielt und schüttelte. Ich entschied alles falsch, aber es war doch gleich, wie die Totensitten bis zum Begräbnis abliefen.

Die erste Nacht

Die erste Nacht musste einmal kommen, einmal musste ich das Kleid ausziehen, in dem Oki mich zuletzt gesehen hatte. Ich schob es hinaus, als hinge sein Blick noch daran; ich lag auf der Couch und starrte auf sein Bett.

Er hätte jetzt auf diesem Bett liegen sollen, wenn ich die Kraft gehabt hätte, um seinen Körper zu kämpfen. Nun war er allein in der Friedhofskapelle: Es sei alles gut, und ich sollte mich nicht sorgen, hatten Freunde gesagt, die ins Sanatorium gefahren waren, wo man ihn schon fortgeschafft hatte. Morgen werde ich Oki besuchen.

Wenn es Gebete gibt, die nur ein Stöhnen sind, habe ich gebetet. Die Nacht schien nicht lang; es gibt eine Intensität zu leiden, bei der die Zeit verlischt.

Einen Toten besuchen

> »Der Leichnam wird deswegen so geschmückt, weil man es an der Seele nicht kann, und sie doch rein und glänzend fortschicken will, da sie nun, nach überstandenem hartem und mannigfaltigem Kampfe ihrer Banden entledigt ist.«
> *Plutarch*

Ich ging zu Oki. Jetzt weiß ich, wohin man die Toten bringt. Man klingelt an der Kapelle, wie man bei einem Lebenden klingeln würde, nur dass hier eine tiefe Glocke anschlägt. Weit her aus dem Friedhof kommt der Wärter und schließt die Tür auf zu einer der Kammern hinter der Apsis. Die Toten schließt man ein. Die Kammer war schmal, weiß gekachelt und mit einem großen Fenster, das offen stand. Ich sah zuerst in der Sonne tanzende Zweige, weil ich lange zögerte, bevor ich zu Oki hinüberzusehen wagte. Er lag in seinem Sarg mit einem weißen Hemd, den Kopf auf einem weißen Kissen, die Hände gefaltet. Der Arzt hatte ihm die Augen geschlossen, ein Fremder hatte ihn gewaschen und angezogen. *Ich* hatte nichts für ihn getan.

Wie war er hierher gebracht worden? Ich hatte seinen Wagen nicht gesehen. Die Totenwagen eilen heute unauffällig durch die Straßen, als schämten sie sich ihrer Last. Als Kind waren mir in

Spanien die in langsamem Schritt gezogenen schwerfälligen Wagen mit den schwarzen Pferden und den schwarzen Federbüschen im Straßenbild vertraut gewesen. Alle blieben vor dem Wagen ehrfurchtsvoll stehen, Männer zogen ihren Hut, Frauen bekreuzigten sich.

Okis Sarg war hässlich, und das weiße Hemd störte mich, weil es mir fremd an ihm war. Als Mädchen hatte ich verwundert von einer Frau gelesen, die von der Sorge geplagt war, sterben zu müssen, ehe sie ihr Totenhemd würde weben können. Kein Totenhemd zu besitzen hätte sie als Schande empfunden. Totenhemd und Brautkleid mussten auch die Ärmsten haben. Wenn jene Frau aufgebahrt läge, würde das Dorf an ihrem letzten irdischen Ehrentage vorbeiziehen und sehen, ob sie auch fein gewebtes Linnen trüge, die letzte Tyrannei der Gesellschaft, auch bei den Ärmsten. Die Schwester von T., deren Mann im Ersten Weltkrieg von der Hochzeitsreise weg ins Feld gerufen wurde, wo er gleich fiel, hatte gewünscht, in ihrem Brautkleid mit dem Schleier begraben zu werden. Wie durch ein Wunder sollen die Züge der alten Frau unter dem Schleier die Lieblichkeit der jungen wieder angenommen haben. Wer denkt heute noch an sein Totengewand?

Die Toten werden hier weiß gekleidet, weiß, die Farbe des Lichts.

> »Wenn die Farbe des Lichts mit dem Tode in Zusammenhang gebracht wird, so ist nicht der Untergang des Leibes, sondern der Durchgang der Seele zum Leben im Reich des Lichts die leitende Vorstellung.«
>
> *Bachofen*

Worte für später – das Reich des Lichts liegt sehr fern, wenn man von Schmerzen gemartert ist.

Der Mann in Schwarz war da, er war immer da bis zur Beerdigung, unauffällig, wie ein Zeremonienmeister. Jetzt nahm er eine

Bürste aus der Tasche und strich Oki eine Haarsträhne glatt, denn der Wind wehte durch das offene Fenster. Dann trat er zur Seite, wie bei einer Vorführung. Gehörte mir Oki noch?

Bei meinem nächsten Besuch brachte ich ihm eine Rose, seine Lieblingsblume. Es war schön wie zum Hohn: die rote Blüte in diesen Händen, die ich nach seinen Augen zuerst geliebt hatte. Die gefalteten Hände wurden von Mal zu Mal blasser, schmaler; das Gesicht ernster und wie gemeißelt. Am dritten Tag waren die friedlichen Züge streng geworden; die Natur tat still und präzise ihr Werk. Den Sarg ließ ich schließen; der Sohn sollte seinen Vater so nicht sehen.

Als der Sarg geschlossen wurde, war ich nicht dabei; ich wollte nicht wissen, wann man mir Okis Körper raubte, den ich geliebt hatte. Vielleicht hätte ich geschrieen: Nein, er erstickt!

Ich will nicht aufwachen

Ich bin noch nicht wach, aber ich fühle, dass etwas Entsetzliches geschehen ist. Ich will nicht aufwachen! Ich weiß, wenn ich aufwache, bin ich in einer Hölle. Ich will schlafen, schlafen, nicht leiden! Unerbittlich kommt das Erwachen und die Erinnerung: Oki ist nicht mehr da, er liegt in der Friedhofskapelle; übermorgen wird er beerdigt. Ich bin allein.

Grotesken

Ich war im Abgrund des Leides, und man verlangte Trauerkleidung von mir. Ein schwarzes Kleid hatte ich nicht, weil Oki Schwarz nicht liebte, und ich sollte an seinem letzten Tag über der Erde die Farbe tragen, die er abgelehnt hatte. Einst trugen die Frauen ihre Trauer in weiß als Farbe des Lichts, weil der Tote in ein neues Leben hinüberging. Mir wäre die Farbe des Lichts sinnvoller erschienen als die der Nacht, aber warum überhaupt sollte ich meine Trauer durch eine Farbe bezeugen?

Der Gang mit einer Freundin durch die Geschäfte war grausam. Ein schwarzes Kleid, ein schwarzer Hut, schwarze Schuhe, schwarze Strümpfe, schwarze Handschuhe. Nur einmal wehrte ich mich. Im ersten schwarzen Kleid, das man mir überzog, sah ich jämmerlich aus, und ich verlangte nach einem anderen. Liebte ich Oki weniger, weil ich nicht hässlich sein wollte? Ich hatte ein schlechtes Gewissen. Es wäre gnädiger gewesen, mich in farbigen Kleidern trauern zu lassen, als mich durch die Läden zu schleppen. Welche Ehre erwies ich Oki, denn um ihn ging es doch, wenn ich in einem schwarzen Trauerlappen vor seinem Grabe stand? Ich wollte doch nur Zwiesprache mit ihm halten, solange sein Körper noch nicht in der Erde versenkt war, und durch nichts von ihm abgelenkt werden.

Der Mechanismus eines Trauerhauses lief ab, von den Freunden geleitet. Viel Unruhe um einen stillen Toten. Warum eilte es so, den Tod des Geliebten der Welt mit einer Anzeige zu verkünden? Okis Tod ging doch nur mich an, seinen Sohn und einige wenige. Wie gut wäre es gewesen, die Worte zu seinem Heimgang, sein letztes Zeichen an die Lebenden, später wägen zu können, wenn der Körper in die Erde gebettet worden war. Jetzt war ich unfähig, Worte zu finden, überließ dies den Freunden und bat nur, dass darin stünde: »Der Herr über Leben und Tod …« Denn Okis Tod war die Sache Gottes.

Das Ausbrechen

Sie kamen nach und nach, die Menschen, die Oki und mir nahe standen, aus der Familie, aus dem Kreis der Freunde. Ich wollte allen etwas Freundliches sagen, nichts Trauriges, denn alles, was mit Oki zusammenhing, sollte froh machen und beglücken. So versuchte ich aus mir auszubrechen und die anderen zu erreichen, aber ich war mit meiner Qual in einem Bannkreis erstarrt. Ich hörte mich reden, fühlte mich lächeln und war es doch nicht.

Die Verkleidung

Am Tag der Beerdigung lag die Trauerkleidung vor mir; feindselig sah ich sie an. Ich nahm das Jackenkleid. Oki hätte gesagt: Fescher müsste es sein!, in Kleiderfragen die Ausdrücke seiner österreichischen Mutter gebrauchend. Bei den Schuhen, von denen ich, nach ihm, nie genug besaß, hätte er triumphierend gemeint: Siehst du, es fehlt dir doch ein Paar Schuhe, und gerade für meine Beerdigung! Den Turban hätte er sich aufgesetzt, wie alle meine Hüte, hätte einen Tanz damit aufgeführt, bis wir beide erschöpft in einen Sessel gesunken wären. An solche Dinge musste ich denken und tun, als stünde er hinter mir. Sonst hätte ich nicht die Kraft gehabt, mich anzuziehen.

Der mechanische Griff nach der Puderdose; ich zögerte. Nein, ich war Okis Frau, ich blieb seine Frau und wollte so bleiben, wie er mich geliebt hatte, und keine kümmerliche Witwe werden, die sich äußerlich gehen lässt.

Je mehr Schwarz ich anlegte, je mehr fühlte ich mich wie in einer Rüstung. Als meine Freundin eintrat, sah sie mich prüfend an und bat mich, die schwarzen Strümpfe auszuziehen; Schwarz gäbe es nur noch in der Provinz. Ich zog andere an. Wie hätte ich wissen sollen, ob man heute schwarze Strümpfe trägt oder nicht?

Die Tulpen blühen

Als ich aus der Haustür trat, um den Wagen zum Friedhof zu besteigen, wich ich zurück: Im Vorgarten waren die Tulpen aufgegangen, die irgendwann jemand aus dem Haus dort gesetzt hatte. Es musste eine minderwertige Sorte gewesen sein, denn nur kümmerliche Pflänzchen quälten sich im März hervor, wie ich mit Oki gesehen hatte, wenn wir auf den O-Bus warteten. Die Knospen werden nie aufgehen, entschied er schließlich ungeduldig. Heute waren sie voll aufgeblüht. Oki lag in seinem Sarg.

Es war alles falsch

Nach meinem Glauben hätte Okis Körper irgendwie in die Erde gelegt werden können, denn die Verehrung des Todes ist heidnisch. Aber nicht mein Glaube entschied hier, sondern ein Primitivgefühl, und ich bestellte bei dem Mann in Schwarz den teuersten Sarg, die schönsten Rosen, und wenn ich gekonnt hätte, würde ich Oki eine Grabkammer gebaut haben, um alles hineinzutragen, was er geliebt hatte. Ich fühlte wie ein Heide: Grabbeigaben als letztes Zeichen meiner Zärtlichkeit und für ihn eine Freude auf der langen Reise. Ich hätte ihm seine Flanellhosen angezogen und dazu seine Lederjacke, die er am liebsten trug.

Es wurde ein ganz normales Begräbnis erster Klasse, und ich durchlief alle Stufen einer Tortur, wie sie vorgeschrieben sind bei unseren Zeremonien für einen toten Körper.

Die erste Stufe: der Sarg in der Friedhofskapelle. Geschlossen war er noch hässlicher. In diesem Gehäuse lag Oki mit meiner Rose.

Die zweite Stufe: auf dem Harmonium »Morgenglanz der Ewigkeit«, Okis liebstes Kirchenlied. Es brachte mir eine kurze Freude, aber dann fegte die Melodie meine Fassung hinweg. Es war ein gefährlicher Augenblick. Ich wollte nicht in Gefühlen versinken, sondern klar denken: Nach Gottes Verheißung lebt Oki jetzt in einer anderen Form des Daseins, die Gott will. Glaube ist nüchtern. Ich klammerte mich an die ruhigen Worte des Dekans. Sie boten mir Halt.

Die dritte Stufe: Der Sarg wird gehoben. Sechs Männer mit grotesken Hüten tragen ihn davon.

Die vierte Stufe: der Weg zum Grab. Warum gehen wir so langsam, mit theatralischen Schritten?

Die fünfte Stufe: der Blick in die Grube. Erde, rote fette Erde. Aus Erde kommst du, zu Erde wirst du; wie einfach. Ich hatte ein Doppelgrab gekauft, und einmal wird auch für mich eine gleich große Grube daneben aufgeworfen werden, und dann liege ich neben Oki. So habe ich ein Gefühl der Ordnung und des irdischen Abschlusses einer Gemeinsamkeit, nach der unsere Körper, auch entschlafen, nebeneinander liegen und vergehen sollen, wenn kein Krieg die Erde aufreißt und unsere Leiber herausschleudert. Man reicht mir Rosen, ich werfe sie auf den Sarg, bald werden sie ersticken. Man reicht mir eine Schaufel, die Erde rollt über die Blumen. Für einen toten Körper so viele tote Blumen. Ich hätte es verhindern sollen.

Die sechste Stufe: Ich sah mich um; es stand eine lange Reihe von Menschen. Jemand hatte mir gesagt, dass ich nicht zu bleiben brauchte. Vielleicht beleidigte ich die Leute, die schon anfingen, Erdkrumen zu werfen und mir die Hand zu geben, wenn ich ginge. Mir war es gleichgültig. Ich litt hier und überall.

Die letzte Tortur: die Gespräche nach der Beerdigung.

Jetzt weiß ich, wie ich Oki hätte beerdigen sollen: keine Anzeigen, keine schwarzen Kleider, keine Blumen, keine grotesken

Hüte, keine Fremden an seinem Grab, keine Gespräche danach. Der Tod war etwas zwischen Gott, Oki und mir. Alles war falsch, was mich davon abgelenkt hatte.

Der Ordner

Mein anderes Leben fing mit einem Aktenordner an. Irene hatte ihn gebracht, als die Abreisen nach der Beerdigung vorüber waren und ein Durcheinander zurückblieb. Oki hätte gelacht und gesagt: Was habt ihr aus meinem gepflegten Heim gemacht!

Irene hatte daran gedacht, dass es mich quälen würde, in Okis Papieren wühlen zu müssen, wo ich überall seine Handschrift sähe, und fing an, mir jenen Ordner einzurichten, säuberlich gegliedert nach verschiedenen Gebieten. Sie war es, die unser Testament hervorholte, Todeserklärungen beschaffte, an das Werk schrieb und mir Geld auszahlen ließ. Sie nahm mich mit, wo ich etwas unterschreiben musste, und ich setzte meinen Namen hin, wo man es mir zeigte. Sie tat wortlos alles für mich, was jeder neue Tag erforderte, und der Alltag nach der Beerdigung gehört nicht den Gefühlen, sondern den Akten und den Behörden. Es scheint lächerlich, es festzuhalten, aber jedes Leben muss eine Regelung haben, und jener Ordner wurde für mich die Grundlage hierfür.

Im Rachen der Angst

> »Und dieser Übergang aus einer uns bekannten Existenz in eine andere, von der wir auch gar nichts wissen, ist etwas so Gewaltsames, dass es für die Zurückbleibenden nicht ohne die tiefste Erschütterung abgeht.«
>
> *Goethe*

Oki war auf dem Wege zu Gott, mit jedem Augenblick entfernte er sich mehr. Ich blieb zurück im Rachen der Angst, wie es im Buch Hiob heißt. Im Rachen der Angst, nicht weil Gott fern war, sondern weil er seit Okis Tod so erschreckend nah war. Einst verhüllten die Menschen ihr Angesicht vor Gott. Sie taten es, so glaubte ich nun, mit Entsetzen, nicht symbolisch, wie wir es heute verharmlosen.

Oki stand jetzt Gott um vieles näher als ich. War auch er, noch mehr als ich, im Rachen der Angst? Oder erreichte er die Seligkeit, wie er es niedergeschrieben hatte, seinen Konfirmationsspruch abwandelnd: Was nützet es dem Menschen, wenn er die ganze Welt gewinnt, wo doch erst nach dem Tod die Seligkeit beginnt?

Die wenigen Stellen der Bibel über die Hölle brannten jetzt in meiner Seele. Wenn man glücklich ist, scheint das Paradies zum Greifen nah und die Hölle sehr fern, über die man gleichmütig gelegentlich liest. Was gab mir die Berechtigung zu glauben, dass es sie nicht gäbe?

Oki konnte jetzt aus seinem Leben nichts wegnehmen und nichts mehr hinzufügen. Legte er Rechenschaft ab »von einem jeglichen Wort«? Ein erschreckender Satz, den ich immer gern gestrichen hätte. Der reiche Mann, vor dessen Tür Lazarus lag, hatte gewiss nicht getötet und geraubt, er hatte vermutlich auch kein falsches Zeugnis gesprochen, vielleicht keinen Ehebruch getrieben, hatte die Eltern geehrt, vielleicht sich sogar zu Gott bekannt und hatte nur im Genuss den armen Lazarus vor seiner Tür übersehen – und er war »in der Hölle und in der Qual«. Wer entrann der Hölle? Eine erschreckend geringe Zahl, wie man früher glaubte; die Mehrheit, wie man später milder hoffte; alle, seitdem man die Hölle einfach strich?

Vor der Ungeheuerlichkeit des Wortes Hölle wird es belanglos, ob wir sie farbenfunkelnd, durch eine Kluft vom Paradies getrennt, als einen Ort sehen wie Hieronymus Bosch in seinem »Garten der Lüste« oder, aufgeklärt, sie als einen Zustand denken. Für Luther scheint die Hölle das böse Gewissen des Geistes gewesen zu sein, aber nur bis zum Jüngsten Tag, an dem der Mensch mit Leib und Seele »in die rechte leibliche Hölle verstoßen wird«. Teilhard de Chardin nimmt die Hölle mit einer gewissen Ratlosigkeit auf: »O Jesus, entsetzlich schöner und eifersüchtiger Meister, ich schließe die Augen vor dem, was meine menschliche Schwäche noch nicht verstehen und daher auch nicht ertragen kann, nämlich vor der Tatsache, dass es Verdammte gibt.«

Auch ich wollte die Augen schließen vor dem, was ich nicht ertrug und was mich verfolgte, nur dass ich nicht zu Jesus flehte, sondern zu Gott. Seit Okis Tod unterschied ich klar zwischen meinen Gebeten zu Gott und denen zu Jesus. Tod, Hölle – davor stand Gott, vor dem ich mich entsetzte, nicht Jesus; aber Gott hatte uns Jesus gesandt, damit wir an Ihm nicht zerschellten.

Wenn ich später das Wort Hölle aussprach, antwortete man mir, je nachdem man sie für existent hielt oder nicht, mit einem verlegenen oder nachsichtigen Lächeln, als hätte ich etwas Ungehöriges berührt. Wir klammern die Hölle aus unserem Alltag aus, wie wir den Tod ausklammern. Ich aber weiß nur, dass ich Angst um Oki hatte. Wäre er mit einer Schuld gestorben – ich meine nicht die tausend lässlichen Verfehlungen, die wir alle begehen –, so hätte ich dem Rachen der Angst nicht mehr entrinnen können.

Nach der Beerdigung wich meine panische Angst. Es war mir, als hätte Oki sein Ziel erreicht, die Stätte, die Jesus ihm bereitet hatte. Im Buch Hiob heißt es weiter: »Und auch dich lockt Gott aus dem Rachen der Angst in weiten Raum, da keine Bedrängnis mehr ist!«

Der Personalausweis

Irene gab Okis Personalausweis bei der Polizei für mich ab. Sie ging zum Beamten, ich saß wartend auf einer Holzbank im Flur. Oki wurde als Mensch auf der Erde gestrichen. Ich hätte schreien mögen, einfach sinnlos schreien. Edvard Munch hat ein Bild gemalt: »Der Schrei«, das mich als Kind lange verfolgt hat; eine Brücke im Hintergrund, davor die Frau, die Hände an den Kopf gedrückt, mit vor Schrecken geweiteten Augen. Jetzt fällt es mir auf, wie oft der Psalmist schreit.

Mit welcher Intensität musste er glauben, um schreien zu können! Wer aber schreit heute zu Gott? Bei einer Behörde wird nicht geschrieen; man trägt Menschen ein und streicht sie aus; lautlos.

Mein Gott, mein Gott, wo ist Oki jetzt? Da, wo Jesus ihm eine Stätte bereitet hat. Ich glaube es und ich glaube, dass ich ihn wieder sehen werde. Aber jetzt, jetzt möchte ich ihn haben!

Das Entsetzen der Natur

> »Ohne Jesus Christus ist der Tod grauenvoll, ist er der Abscheu und das Entsetzen der Natur.«
>
> *Pascal*

Ich war wie ein Stück glühendes Eisen auf dem Amboss, von einer Zange gehalten und Schlag um Schlag zu einer Form gepresst, die ich nicht wollte.

Herodot schreibt von den Trausern, dass sie unter Lachen und Scherzen ihre Toten begraben hätten, weil sie allen Übeln entronnen seien und jetzt in Freuden und Seligkeit lebten.

Milder sagt Jesus Sirach: »Du sollst trauern über den Toten, denn sein Licht ist verloschen; doch sollst du nicht zu sehr trauern, denn er ist zur Ruhe gekommen.« Und Luther: »Gott will, dass wir trauern, doch soll die Traurigkeit mäßig und nicht zu heftig sein, sondern der Glaube der ewigen Seligkeit soll Trost in uns bewirken.«

Wie müssen doch die Menschen ringen, um in ein natürliches Verhältnis zum Tod zu gelangen! War es einst nicht lästerlich, das Leben als einen Totentanz darzustellen, Männer und Frauen als Gerippe in Brokat, den Tod krampfhaft in das Leben einzubeziehen, in körperlicher Verwesung und seelischem Grauen zu schwelgen, als sei das Leben ein einziger Angsttraum vor dem Ende? Heute versuchen wir nicht weniger krampfhaft den Tod aus dem Alltag zu verdrängen und zu verharmlosen. Wie schwer ist es doch, den Tod weder zu missachten noch übertrieben ihn zu beachten, sondern ihn einfach zu achten als Gottes Willen, dem wir vertrauen. Durch die Jahrtausende hat jede Epoche, so wie Religion und Kultur sie prägte, ihr Verhältnis zum Tod gesucht, und in jeder Epoche muss der Einzelne sein eigenes Verhältnis zum Tod erkämpfen.

»Nicht zu sehr trauern«, das ist der Weg, den man langsam,

sehr langsam betritt, und gewiss mit Recht. Die maßlose Freude, die maßlose Trauer vergewaltigen die Natur und zersetzen den Glauben. Luther sagt in einem Trostbrief: »Wir bitten zu Gott, dass er dein Fleisch trösten möge, denn der Geist hat, daran er sich freuen kann.« Dies ist wohl der Zwiespalt: Für das Fleisch ist der Tod »das Entsetzen der Natur«, für den Geist ist er Freude. Pascal sagt weiter: »In Jesus Christus ist der Tod ganz anders; da ist er heilig und die Freude und die Liebe dessen, der glaubt.« Vom Abscheu bis zur Freude über den Tod – wie sollte diese Wandlung ohne Erschütterung vor sich gehen können?

Die Dinge überdauern

Mich packte eine sinnlose Wut: Oki war nicht mehr da – sein Hut hing in der Garderobe. Die Dinge, die er zurückgelassen hatte, überdauerten, als wollten sie mich höhnen, und ich hatte Angst, sie zu berühren, als könnte ich mich daran verbrennen.

Irene milderte diese neue Qual. Sie sammelte still jene Dinge ein und legte sie in Okis Schrank. Als sie ihn abschloss, floh ich in mein Zimmer. Nur Okis Spazierstöcke sollten im Kupferkübel am Eingang stehen bleiben, ein kleines dummes Symbol, dass dies unser Heim gewesen war und bleiben würde; seine Schlüssel zur Wohnung mit der langen unpraktischen Kette behielt ich. Später kann man diese kleinen Dinge des Geliebten, die einen zunächst unerträglich quälen, zärtlich gern haben. – Es dauerte Wochen, bis die letzten Dinge von Oki weggeschlossen waren. Immer wieder tauchte etwas von ihm auf, sein Serviettenring in einer Schublade, die ich nicht mehr geöffnet hatte, seine gebrauchte Wäsche im Korb, sein Toilettenwasser im Arzneischränkchen, und für mich war jede unvermutete Begegnung ein neues Aufbäumen, denn diese kleinen Dinge trugen noch sein Gepräge. – Danach verging wieder eine lange Zeit, bis ich Okis

Schrank öffnen konnte, um zu ordnen, was Irene hineingelegt oder ich später in Panik hineingeworfen hatte. Ich verschenkte seine Sachen an Leute, die weit weg wohnten, aus Angst, seine Kleider an einem anderen Menschen zu sehen.

Ob man »seine« Dinge unangetastet lässt und aus seinem Heim ein Mausoleum macht, von manchen belächelt, oder verbittert alle Spuren tilgt oder nur einige Dinge wie einen Fetisch behält, es ist bei allen Trauernden doch nur der gleiche armselige Versuch, sein Leid weniger unerträglich zu machen. Was wir aber mit den Dingen tun, unterliegt nicht unserem Willen, es entscheidet sich in uns, und man muss es geschehen lassen.

Jesus weinte über den Tod

Wenn ich verzagte, tröstete mich diese Stelle bei der Erweckung des Lazarus. Jesus hat das Leid der Trauernden nicht gering geachtet. Jörg Zink überträgt die Bewegung Jesu: Da »fasste ihn der Zorn (über den alten Feind der Menschen, den Tod).« Wie man diesen Grimm auch wenden und begreifen mag, später heißt es ganz klar und einfach »Jesus weinte«. Wo Jesus geweint hatte, da durfte ich leiden; er, der Mensch geworden war, wusste, was ich litt. Ich brauchte keine Worte, um mich zu verteidigen, ich brauchte nur zu sagen: »Herr, Du weißt, was ich leide; komm, hilf mir!« Hier rief ich bewusst Jesus an, um Linderung durfte ich ihn anflehen. Gott wagte ich nur zu sagen: »Dein Wille geschehe.«

Dennoch sollte später lange ein Stachel in mir bohren, als eine Freundin mir schrieb, sie hätte gedacht, dass man im Glauben den Tod leichter trüge. Ich war beunruhigt, bis ich in der Bibel, die uns der Pfarrer zu unserer Haustrauung geschenkt hatte, unter manchen Eintragungen von Oki eine Stelle aus einer Andacht zitiert fand: »Der Glaube schützt nicht vor Sorge und Leid, aber der Glaube geht geborgen ein in Sorge und Leid.« Ja, so war es: Ich litt, und ich litt nicht weniger als ein Nichtgläubiger, aber ich litt in der Geborgenheit Gottes.

Der Kirchgang

Bei meinem ersten Kirchgang fand sich niemand, der mich begleitet hätte. Ich ahnte, was mir bevorstand, und wollte dennoch den Gang nicht hinauszögern. Die Orgel wühlte meine Qualen hoch, und die Predigt erreichte mich nicht; mein Leid war stärker als die Worte des Pfarrers.

Auf dem Kirchplatz standen Gruppen plaudernder Menschen; an ihnen vorbei kehrte ich heim; keiner konnte einsamer sein als ich. Später fand ich, dass es gut so gewesen sei; in der Kirche steht jeder mit seiner Not und Hoffnung allein vor Gott, auch wenn er begleitet ist.

Ob man für die Toten beten solle

Es war keine Frage, die ich stellte, denn ich *musste* für Oki beten. Tag um Tag bat ich Gott: »Segne ihn, halte ihn in deinen liebenden Händen.« Ich rief Gott an, wie ich es fühlte, und fand so einen gewissen Frieden in meiner Not. Erst später, als ich wieder fähig war zu denken, bedrängte mich die Frage, ob ich für Oki beten durfte.

Ich wusste, dass Luther gesagt hatte: »... wenn du einmal oder dreimal gebetet hast, sollst du glauben, dass du erhört seist, und nimmer bitten, auf dass du Gott nicht versuchest oder misstrauest.« Luther meint wohl hier die Bitte an Gott, die Seele zu erlösen: »Sprich also: Lieber Gott, ist die Seele in denn Stande, dass ihr noch zu helfen ist, so bitte ich dich, wollest ihr gnädig sein; und wenn du das einmal oder zwei getan hast, so lass es gut sein, und befiehl sie Gott.« In den Tagen bis zur Beerdigung, als ich »im Rachen der Angst« war, da flehte ich Gott an, Oki zu erlösen, wie Luther es hier sagt. Wenn Luther so entschieden weitere Gebete als Fürbitten für die Toten ablehnte, so geschah es wohl, weil sich seit Augustinus die Vorstellung vom Fegefeuer als einem zeitweiligen Ort der Läuterung immer mehr ausgebreitet hatte und Gebete für die Abkürzung der Sühnequalen des Toten immer größeres Gewicht erlangt hatten.

Heute, nach Jahren, ist mein tägliches Gebet für Oki keine Bitte in diesem Sinn. Ich habe dafür gebetet, dass Gott ihn behüten möge, solange er auf der Erde neben mir war, warum sollte ich für ihn nicht weiterbeten, dass Gott ihn segne, nur weil er in einem anderen Bereich Gottes ist? Seit Oki von ihm heimgerufen wurde, bete ich für ihn und für die Schar der Heimgegangenen, dass er sie segnen möge, uns einst alle in der Endzeit zusammenführend. Dieses Gebet ist für mich ein Punkt, in dem ich mich bei Gott mit allen, die ich liebe, die noch auf der Erde sind oder schon drüben, verbunden fühle. Dieses Gebet gibt mir täglich Frieden, Freude und Kraft. Warum sollten Gebete, die Gott weder geboten noch verboten hat, schlecht sein?

Das Datum

Ich las keine Zeitungen, ich hörte keine Nachrichten, ich stand außerhalb des Weltgeschehens, und es gab für mich nur die Zeit vor Okis Tod, nach Okis Tod. Dinge geschahen vor oder nach seinem Tod. Menschen sah ich vor oder nach seinem Tod, die Winzigkeiten meines Lebens ordneten sich nach diesem einen Punkt. Dieser Einschnitt in der Zeit schien mir ohne Anfang, ohne

Ende, wie die Ewigkeit. Ich wurde in meiner Qual ruhig. Geschah an mir, was Teilhard de Chardin sagt: »Gott muss uns aushöhlen und entleeren, um in uns einzudringen«? Als die Qual nachließ, verlor ich die Ewigkeit. Die Zeit fing mich wieder ein mit Daten, Terminen und Programmen.

Manchmal sehne ich mich nach diesem Punkt zurück, an dem ich unerträglich litt, aber an einer Schwelle stand, wo ich mich hätte wandeln können. In jeder Trauer, glaube ich, wächst der Mensch zu irgendeiner Zeit über sich selbst, weil er von Gott berührt wird. Habe ich damals, um den augustinischen Spruch vom »Segen des Unheils« abzuwandeln, den Segen der Trauer verwirkt?

Zeit der Passivität

Ich hatte mich von Irene umsorgen lassen. Als sie abreisen musste, kehrten Verena und Karsten aus Japan zurück. Verena blickte mich prüfend an und entschied, trotz meiner Versicherung, ich könne jetzt allein sein, dass sie für diese Nacht noch bei mir bleiben würde; wortlos lösten sich so die Freunde ab. Als ich morgens beim Aufstehen umfiel, brachte sie mich zum Arzt und nahm mich dann mit zu sich nach Hause.

Bei den Freunden ließ ich mich von dem treiben, was Beziehung zu Oki hatte. Ich ging zum Friedhof, ich nahm welke Blumen vom Grabhügel, weil er tote Blumen nicht gemocht hatte, und schrieb Briefe. Ich machte es mir schwer und litt an jedem Brief; aber ich konnte nicht wortlos jene brutal schwarz umrandete Karte als Antwort auf eine erschreckte Teilnahme senden. Ich fand für jeden eine kleine Begebenheit, irgend etwas Liebenswertes von Oki, das den Empfänger freuen sollte. Heute steht der Ordner mit den Kondolenzbriefen neben dem mit den Hochzeitswünschen, Schmerz und Freude geordnet abgelegt.

Zwischen den beiden Ordnern liefen unsere glücklichen Jahre ab.

Aus meiner Passivität in der Geborgenheit der Freunde wurde ich jäh herausgerissen, als Karsten plötzlich erkrankte. Mit meinem Köfferchen und den Kondolenzbriefen ging ich nach Hause zurück und schloss die Wohnungstür auf. Immer war es Oki gewesen, der seinen Schlüsselbund zog, wenn wir zusammen heimkamen; war ich einmal allein, läutete ich ungeduldig, weil ich wusste, dass er mir ebenfalls ungeduldig entgegenkommen würde. Auf der Türschwelle entschied es sich: Entweder würde ich in meiner Qual passiv untergehen, oder ich musste tätig werden.

»Glaube ist nicht eine *Ansicht* von Welt,
sondern ein Energiezentrum.«
E. Spranger

Im Alltag ohne ihn

Allein in unserem Heim

Am ersten Tag allein in unserem Heim lief ich unschlüssig in der Wohnung hin und her, als könnte meine Unrast die Stille um mich brechen. Wie hatte Okis Baritonstimme oft bei uns geklungen, bald summend, bald ein Lied parlando intonierend; vergebens lauschte ich dem Klang der Stimme; ich war allein.

»Liebe mich, wie ich am Ende aller Dinge nichts Besseres sehe als dich zu lieben und mit dir zu leben«, schrieb Goethe an Christiane Vulpius. Als reife Menschen, uns nach Leid begegnend, hatten Oki und ich auch nichts Besseres gewusst. Unter den Eintragungen Okis zu seinen Erinnerungen fand ich: »Ich lerne Liliane bei B. kennen. Wir heiraten. Wir lieben uns und sind glücklich.« So einfach war es gewesen! In einem anderen Brief Goethes an Christiane heißt es: »Es ist doch nichts besser, als wenn man sich liebt und zusammen ist.« Nichts ist schlimmer, als wenn man dann getrennt wird.

Erschöpft vom steten Hin und Her wollte ich ruhen. Vielleicht in Okis Zimmer, wo ich seinen Sessel sah, die abgenutzte Armlehne, über die er meist ein Bein baumeln ließ, und die Stelle, wo er seinen Kopf lässig anzulehnen pflegte, wenn er zu mir auf das Sofa hinüberblickte? Oder sollte ich in meinem Zimmer liegen, wo er nie mehr hereinstürzen würde, meine Ruhe durch irgendeinen Einfall aufgeregt unterbrechend und sich gleichzeitig zurückhaltend, um sich nicht in meinen zerbrechlichen französischen Sessel fallen zu lassen? Einschlafen durfte ich nicht aus Furcht vor dem Erwachen; lesen konnte ich nicht, weil die Buchstaben sinnlos vor meinen Augen getanzt hätten; ich musste liegen bleiben und leiden.

Der erste Tag allein – stimmt das? Gott ist doch da! Oft überhört man ihn, wenn man einen Weggefährten hat, aber er kann in jeder Sekunde jeden Menschen, den wir lieben, von unserer Seite nehmen. *Sicher ist immer nur Gottes Gegenwart.* Es schien mir, als ob Gott in meiner Stille hörbar würde; ich war nicht mehr allein.

Telefongespräche

Als die Telefonklingel durch die Stille des ersten Tages schrillte, war es wie ein Bann, der gebrochen wurde. Ich rannte zum Telefon. Es war Verena. Von da an rief sie mich in der ersten Zeit jeden Morgen und jeden Abend an. Wenn die Menschen wüssten, wie sie mit einem bloßen Anruf helfen können! Die Stimme eines anderen und meine eigene zu hören, war mir eine Erlösung und ein Geschenk an einsamen Abenden. Ich hebe den Hörer ab, magisch angezogen, und durch diese winzige Bewegung dringt Leben zu mir ein.

Schon in der ersten Nacht ohne Oki durchbrach ein Anruf zum ersten Mal für einen Augenblick den Bannkreis des Schmerzes, in dem ich erstarrt war: Aus einem anderen Erdteil war plötzlich die Stimme meines Stiefsohnes im Raum, und der besorgte Klang seiner behutsamen Worte trug mir Linderung zu.

Grabsteine

Wenn Oki und ich den O-Bus nahmen, der über den Friedhof führte, sahen wir die Witwen mit ihren Gießkannen und Blumen dort aussteigen. Oki hatte Mitleid mit dieser Schar und hatte mir oft gesagt, er wolle nicht, dass ich später einen Grabkult mit ihm treibe. Ich habe nie Bindung zu Gräbern gehabt; als ich aber den Grabstein für Oki mit der eingearbeiteten Barocklampe, die er geliebt hatte, nicht genehmigt bekam, kämpfte ich, zu meiner Verwunderung, erbittert darum. Nach meinem Glauben hätte der Grabstein mir wenig bedeuten dürfen.

Ich wollte Oki kein Kreuz aufrichten. Nur einem Menschen, der für Christus gestorben wäre, würde ich vielleicht wagen, ein Kreuz auf das Grab zu stellen – ein sehr kleines Kreuz. Im todbesessenen Mittelalter begann man, Kreuze mit Namen zu versehen und als Grabsteine aufzustellen, aber Tote bedürfen doch nicht des Kreuzes, sondern der Auferstehung, denn nicht das Leid des Kreuzes ist das Letzte, sondern die Freude der Auferstehung! Welches Symbol gibt es für die Auferstehung? Als man anfing, Grabplatten mit der Gestalt des Toten zu schmücken, der oft liegend mit einer Fußstütze dargestellt wurde, damit er wie stehend erschiene, sollten offene Augen und Jugendlichkeit der Gesichtszüge die Hoffnung auf die Auferstehung andeuten. So erwarten auf einem englischen Grabmal Sir Ralph Grenne und seine Frau Hand in Hand, offenen Auges den Jüngsten Tag: ein schönes Grabmal! Auf Grabplatten mit Ehepaaren findet man manchmal den Mann mit seinen Füßen auf einem Löwen ruhend, dem Sinnbild der Stärke, die Frau auf einem Hund, dem Sinnbild der Treue.

Welch eine Skala von Gefühlen um das Gehäuse der Toten mit ihren Symbolen: von den Pyramiden mit dem gigantischen Überlebenwollen bis zum Ossarium der Mönche auf dem Berg Athos, wo die Gebeine der Toten, wenn sie drei Jahre unter der Erde gelegen haben, einfach geschichtet werden, weil der Tod das Unwesentliche ist. Die Griechen mit ihrem Sinn für Maß gingen zeitweise gegen den übertriebenen Gräberluxus vor und gestatteten nur noch einfache Bauten. Bei unseren christlichen Gräbern durfte das Gefühl zwischen Nachlässigkeit und Prunk, Lieblichkeit und Krassheit oder Verlegenheit hin und her schwanken: Grabmäler, wo die Verwesung grausam festgehalten wird mit Würmern, die den Leichnam durchbohren, Kröten, die über das Gesicht kriechen, Grabmäler mit Skeletten und Totenköpfen, Grabmäler mit süßlichen Marmorengeln oder auch einem lieblich schlafenden Mädchen, unförmige Steine mit sinnlosen Abrundungen, die nichts aussagen.

Und die Inschriften! Wir wollen heute unsere Toten nicht auf ihren Grabmälern preisen, Gebete der Vorübergehenden für sie erflehen oder ihnen gefühlvolle Verse in den Stein meißeln, aber warum sind wir so übertrieben karg und so unnatürlich in unserem Ausdruck geworden? Müssen es immer Bibelsprüche sein? Strömt das einfache »à demain« (»auf morgen«) auf einem Grabsockel nicht strahlenden Glauben und Liebe aus? Oder diese fast freudig hingeworfenen Worte auf einem Grabstein des alten Friedhofs in Freiburg »la première au rendez-vous« (»Die erste am Treffpunkt«) – ja, so war es bei uns, nur dass Oki der erste war!

Heute denke ich milder über Steine und Inschriften. Die schmiedeeiserne Lampe habe ich durchgesetzt, aber der Grabstein ist nicht gelungen.

Merkwürdig diese Gänge zum Friedhof, zum Acker Gottes – diese Gänge im Regen, im Schnee, in der Sonne und immer unter Qualen. Nein, nicht immer! Heute stehe ich verlegen zwischen Okis stummen Nachbarn, er ist mir so lebendig, dass ich vor seinem Grab frage, warum ich eigentlich hier bin. Jeremias Gotthelf schreibt: »Im Leben fand ich die Meinen wieder, nicht im Grabe. Ich weiß, sie sehen mich; was ich schaffe, was ich treibe, sie sind dabei ...« Beim Acker Gottes kommt es doch auf den Samen an, der aus der Erde aufgehen wird, nicht auf die Steine darauf!

Die einsamen Mahlzeiten

Vergiss nicht zu essen!, so hatte Oki oft unsere Gespräche lachend unterbrochen. An dem Tisch, an dem ich mit ihm gegessen hatte, konnte ich nicht mehr sitzen. Ich hätte immer jene Stelle anstarren müssen, die er mir gegenüber breitschultrig ausgefüllt hatte und in der jetzt Staubteilchen vor mir tanzten.

Nach unseren ersten Mahlzeiten zu zweit, die ich mit einem Tischgebet begann, hatte er verwundert gefragt, ob ich immer die gleichen Verse sagen wollte, er erwarte eigene Worte von mir. Nach Worten suchend, mein Gefühl präzisierend, lernte ich einfach und wirklich zu danken.

Als Verena entdeckte, dass ich mir angewöhnt hatte, an irgendeiner Tischkante einige Bissen hinunterzuwürgen, setzte sie mir einen kleinen runden Tisch ans Fenster, von wo ich in die Baumwipfel sah. Später stellte ich abends die Tagesschau ein, um mich mit Bildern zu überlisten und jene Stelle zu übersehen, wo mir niemand gegenübersaß.

Die Welt drüben

> »... Aber solche unbegreiflichen Dinge liegen zu fern, um ein Gegenstand täglicher Betrachtung und gedankenzerstörender Spekulationen zu sein. Ein tüchtiger Mensch, der hier schon etwas Ordentliches zu sein gedenkt und dadurch täglich zu streben, zu kämpfen und zu wirken hat, läßt die künftige Welt auf sich beruhen und ist tätig und nützlich in dieser.«
>
> *Goethe*

Das eben konnte ich nicht: die künftige Welt auf sich beruhen lassen. Oki war in dieser künftigen Welt, ich dachte an ihn, ich folgte ihm – wie sollte ich das tun ohne jegliche Vorstellung? Wenn man auf der Erde zusammen glücklich ist, bleibt die andere Welt ein Ort, den man nicht zu präzisieren sucht; verliert man den Gefährten, ist es schwer, ihn nicht mit gierig bohrenden Fragen in seiner neuen Stätte zu suchen. Ich wollte über Okis neue Welt die winzigen Bruchstücke zusammentragen, die in der »Frohen Botschaft« verstreut sind, denn was Gott im Buch der Bücher stehen ließ, warum sollte ich das nicht betrachten dürfen? Ich kannte meine Bibel so gut oder so schlecht wie jemand, der seit seiner Kindheit täglich darin liest, und schon an der ersten Stelle scheiterte ich. Es ist jener Bericht, in dem Jesus dem Schächer am Kreuz sagt: »Heute wirst du mit mir im Paradiese sein«, obgleich Jesus »niedergefahren war zur Hölle«. Scheinbare Widersprüche in der Bibel hatten mich früher nicht beunruhigt, weil sie mir innerhalb der ganzen »Frohen Botschaft« unwichtig erschienen waren; aber in der Verzweiflung meiner ersten Trauerzeit gewannen alle Stellen, die zum Paradies oder zu »Abrahams Schoß« Beziehung hatten, plötzlich ein ungeheures Gewicht. Dieses »mit mir im Paradiese sein« war mir wie ein Eckstein für die Stätte drüben gewesen, und nun schien dieser Halt zu wanken. Später fand ich die Erklärung, dass es nicht Hölle, sondern Hades heißen sollte, Hades, Reich der Toten – Paradies und Hölle –, und dass Jesus in diesem Reich gewesen war bis zu seiner Auferstehung. Diese Erklärung beruhigte mich damals.

Und doch, wenn ich auch alle Stellen in der Bibel über jenen Bereich bis zur Auferstehung zusammentrug, es blieb »ein furchtbares Geheimnis das Jenseits« (Teilhard de Chardin). Wir lächeln über den Paradiesgarten von Fra Angelico oder über Skulpturen, die »Abrahams Schoß« real als Ort der Erlösung darstellen, wir wundern uns über den »Garten der Wonne« von Hieronymus Bosch; aber waren jene Menschen weniger inbrünstig gläubig als wir, und scheitern vor diesem »furchtbaren Geheimnis« die geistig aufgeklärten Vorstellungen nicht ebenso kläglich wie die bildlich primitiven? Wir sollten, wie Goethe sagt, »die künftige Welt auf sich beruhen lassen«: Wer die Erde und das Weltall schuf, wird auch das Jenseits zu gestalten wissen. Gewiss, wer aber vermag in der ersten Qual der Trennung das Fragen abzustellen?

Sicher ist, dass Jesus uns als Frohe Botschaft ein ewiges Leben in einem anderen Bereich Gottes verheißt. Ist es vermessen, wenn ich glaube, dass mir dieser Bereich um eine Winzigkeit weniger fern erscheint, nicht weil ich gesucht und gefunden hätte, was Gott uns verborgen hält, sondern weil ich täglich daran denke und weil Oki und immer mehr Menschen, die ich liebe, an diesem Ort der »Rast« (Thomas von Aquin) und der »Erquickung« (Tertullian) auf uns warten?

> »Paradies ist der Name für den Ort,
> an dem die, die im Frieden Gottes starben,
> versammelt werden.«
> *Schlatter*

Einfacher und schöner fand ich kein Wort über das Paradies. Oki hat Rast gefunden, und ich warte im Vertrauen, dass auch ich Rast werde finden dürfen an jener Stätte, die eine Stufe ist im Schöpfungsplan Gottes.

Magie des Leides

Eine Zeitlang glaubte ich unser Heim, das Oki geliebt hatte, nicht mehr ertragen zu können; ich hasste die Wohnung ohne ihn. Frau C., als sie Witwe wurde, verkaufte in einem Anfall von Verzweiflung ihre Wohnung in Bordighera, zog nach Rom, war dort in derselben Qual und kaufte, allen Hindernissen trotzend, ihre alte Wohnung in Bordighera zurück. In eine solche Krise, die nur eine von den vielen möglichen ist, kann jede Witwe gedrängt werden, auch wenn sie nicht die Mittel hat, ihrem Heim zu entfliehen. Ich blieb in unserer Wohnung, und seitdem ich nicht mehr auf der Flucht vor meiner Trauer bin, fühle ich mich darin geborgen, weil Oki sie geliebt hatte. Magie des Leides!

Wann?

»Die Toten ruhen in der Verheißung,
dass sie auferstehen werden.«
Luther

Wann werden sie auferstehen? Was mich beunruhigte, war nicht das Wann der Auferstehung am Jüngsten Tag nach der Erquickung und Rast im Paradies, sondern das Wann der Auferweckung jetzt, nach dem Sterben. Es verwirrte mich, dass der Tod bis zur Auferstehung oft mit dem Schlaf verglichen wird. Luther spricht vom Tod als einem starken und süßen Schlaf; selbst Jesus sagt es: »Lazarus schläft.« Wann geht der Zustand nach dem Sterben vom Schlafen in das wache Bewusstsein über? An diesen Fragen kam ich nicht vorbei, auch wenn ich wusste, dass kein Mensch und keine Welt von Büchern mir je würden antworten können.

Da war die Bibelstelle, nach der Jesus bis zu seiner Auferstehung drei Tage im Reich der Toten war und ihnen predigte. Predigte er denen, die die Heilsbotschaft nicht kannten, oder denen, die sie nicht angenommen hatten, oder beiden, damit alle gerettet würden? Es hatte mich immer gequält, dass *wir* die Botschaft von Jesus erfahren durften und Legionen von Menschen vor Christi Geburt und danach und noch heute nicht. Wären die drei Tage der Zeitpunkt, an dem alle Geschöpfe Gottes die Botschaft erfahren konnten und künftig werden erfahren dürfen? Denn Jesu Worte können im Reich der Toten ebenso wenig verloren gehen wie auf der Erde! Hätten die drei Tage, die Jesus im Reich der Toten verbrachte, für die Heimgegangenen dieselbe Bedeutung wie die drei Jahre seines Wirkens auf der Erde für die Lebenden? Vor Gott ist die Zeit ein Nichts!

Wenn Jesus den Heimgegangenen im Totenreich predigte – welchen auch immer –, müssen sie seine Stimme gehört haben, und man kann sie sich nicht als Entschlafene im Sinn von Schlafenden vorstellen. Jesus verbrachte seine Zeit gewiss nicht bei Schlafenden. Ich erinnere mich eines alten Bildes, das Jesus darstellt, wie er den Toten predigt. So würden die Toten, wie wir auf der Erde, in ihrem Reich auf die Seligkeit der Endzeit warten, in der wir alle auferstehen werden, aber sie würden ohne Schmerzen und ohne Tod auf ihre Verwandlung warten, Jesus und Gott näher? Und sie könnten für uns beten? Noch eine andere Bibelstelle zeugte mir gegen den Schlaf: Der Reiche, vor dessen Tür der Lazarus gelegen hatte, sieht im Jenseits über die Kluft hinweg den Lazarus im Paradies. Auch er schläft nicht.

Kein Theologe und kein Wissenschaftler werden je etwas über den Zustand des Menschen nach seinem Tod aussagen können. Warum sollten wir die wenigen Bibelstellen darüber nicht einfach annehmen? Mir ist es trostreich und eine Quelle der Freude: Jesus hat den wachen Toten gepredigt!

Der Gang in die Geschäfte

Mein erster Gang in die Geschäfte war ein Leidensweg: die mitleidigen Blicke, die ich nicht sehen wollte, die wohlmeinenden Worte einer echten Bestürzung, die ich nicht hören mochte, die Tränen, die nicht kommen durften, die verlegene Pause zwischen dem Beileid und dem Viertel Butter, nach dem ich endlich fragen durfte.

Wieder auf der Straße, bildete ich mir plötzlich ein, ich spielte ja nur Witwe, Oki wird gleich neben mir stehen, mir die Tasche abnehmen, und ich werde mich seinen langen Schritten anzupassen suchen, er wird mit dem Regenschirm über meinem Kopf fuchteln, ich werde ganz nass werden und wieder einmal lachend sagen, der einzige Nachteil unserer Ehe sei, im Regen schlecht beschirmt zu werden …

Während ich langsam nach Hause gehe, frage ich mich, ob

sich nicht Selbstmitleid in meinen Schmerz einschleicht. Das wäre eine Erniedrigung meiner Trauer. Ich musste achtsam sein und abwehren: kein Selbstmitleid!

»In ewigen Freuden«

Luther schreibt einem Trauernden, Jesus Christus »tröste und stärke euch mit Gnaden bis auf den Tag, da ihr ihn Wiedersehen werdet in ewigen Freuden«.

Maria Theresia verwandte die fünfzehn Jahre ihrer Witwenschaft, um sich auf das jenseits vorzubereiten, »das mich mit dem Gegenstand meiner Liebe wieder vereinen wird«. Wer wagt heute noch so klar und sicher, so einfach zu glauben? Statt der Gedanken zerstörenden Spekulationen, vor denen Goethe warnt, eine Stelle aus dem Buch der Bücher. Es ist die Geschichte, wo die Pharisäer Jesus fragen, welchem Mann im Himmel die Frau angehören wird, der auf Erden sieben Männer gestorben waren. In der Antwort, die Jesus gibt – dass die Kinder Gottes nicht freien werden –, weist er die Möglichkeit einer Wiederbegegnung mit keiner Ironie zurück, wie die Menschen es heute tun. Er rührt nicht daran. Wo die Bibel keine Zweifel einstreut, sollten wir vertrauen.

Sehnsucht nach drüben

Marie Luise Kaschnitz schreibt aus ihrer Witwenerfahrung treffend: »… ich wusste ja, was meine Note war, diese schmerzhafte Spannung zwischen Todessehnsucht und Lebenswillen …«

Solange Oki mit mir war, lebte ich gern auf der Erde, ohne

Sehnsucht nach drüben. Ich weiß jetzt um die Gefahr der Spannung zwischen Todessehnsucht und Lebenswillen, aber ich darf mich nicht nach drüben sehnen, nur um Oki wiederzufinden. Diese neue Kraft der Sehnsucht kann eine gute Kraft sein, die ich nicht verlieren darf, doch muss sie zuerst die Kraft der Sehnsucht sein nach Gott und Christus und nach dem Reich der Liebe, wo es keinen Tod mehr gibt und keine Schmerzen, nach dem Reich, in dem auch Oki und die Schar der anderen sein wird.

> »Was wird uns dort für unsagbare Freude empfangen, zu der viele andere uns vorausgegangen sind und uns alltäglich rufen und mahnen und locken, dass wir folgen möchten.«
>
> *Luther*

Sich wegzusehnen von der Erde als dem Ort der Trauer hin zu einer anderen Welt als dem Ort des Trostes? Ich muss trotz und mit meiner Sehnsucht nach drüben mir *hier* und heute ein für mich wichtiges, zugleich bewusst vorübergehendes Leben bauen und Gottes Gebote um wenigstens einen Bruchteil zu erfüllen versuchen.

Der Mensch, der man war

Man wird niemals wieder der Mensch, der man vorher war. Gewiss, man ist auch ohne Trauer in keiner Minute seines Lebens physisch und seelisch der Mensch, der man in der Sekunde vorher war, doch die Verwandlung vollzieht sich für uns selbst unmerklich. Aber der Tod eines geliebten Menschen verwandelt uns mit einem Schlag.

»Komm mit mir auf mein Schloss« – ohne Okis freudetrunkenen Ausdruck wird mich der Don Giovanni nie mehr entzücken; niemals wieder werde ich japanische Holzschnitte würdigen können, wenn Oki sie nicht in seinen Händen hält; ich werde niemals mehr den Prunk eines Frühlings oder Herbstes in unseren Wäldern berauscht aufnehmen, wenn Oki nicht, seinen Stock lässig schwingend, neben mir geht; niemals mehr werde ich eine Stätte der Kindheit erwartungsvoll betreten, weil ich sie Oki nicht mehr zeigen kann. Er begleitet mich überall, aber er ist nicht da. Ich sehe alles durch die Linse des Schmerzes, und sie verwandelt mir alles Vertraute. Ich sehe und höre, als wäre ich mir selbst fremd. Die entsetzliche Sehnsucht nach Oki und die ewig quälende Melodie: niemals wieder, niemals wieder.

> »Es bedarf der ganzen Gelassenheit meines Glaubens, um das, was mir an sich wirklich das Herz bricht, anzunehmen und zu versuchen, es in ein konstruktives Element zu verwandeln.«
> *Teilhard de Chardin*

Dialoge der Nacht

Wieder ein Abend der Stille; ich sehe in der Ferne, durch die Äste der Bäume, die Lichter der Häuser an- und ausgehen.

Ich will nicht mehr gepeinigt werden! Ich könnte Vergessenheit trinken … Wie einfach, und welche Trauernde hätte diesen Gedanken nicht irgendeinmal? Einige Gläser Wein – und ich würde diesen gespenstigen Dialog mit Oki nicht weiterspinnen, wo ich zu ihm spreche wie früher in unseren Dialogen der Nacht, aber alles geschähe lautlos, wie zwischen Tauben und Stummen. Vergessenheit trinken? Nein!

»Wenn nicht geschieht, was wir wünschen,
so wird geschehen, was besser ist.«
Luther

Die stummen Dialoge der Nacht haben mich zum Vertrauen geführt, ich wäre arm und schwach, wenn ich sie feige löschen würde.

Ich kann seinen Namen nicht sehen

Es kam ein Brief, an Oki adressiert. Ein Peitschenhieb! Am selben Tag ließ ich alles auf meinen Namen umschreiben, beim Telefonamt, beim Gaswerk, beim Rundfunk, überall. Ich ertrug es nicht, Okis Namen zu sehen, denn er war nicht mehr da. Wie lange kamen noch Briefe, die an ihn adressiert waren! »Falls verzogen, bitte nachsenden«, stand einmal darauf. Jedes Mal der gleiche wilde Schmerz.

Der Name übt eine seltsame, magische Kraft aus. Wichtig ist doch nur eines: Oki ist vor Gott kein namenloses Geschöpf. »Freuet euch aber, dass eure Namen im Himmel geschrieben sind.«

Die Tabus

Meine liebsten Erinnerungen waren zu den qualvollsten geworden. Ich versuchte sie in mein Gedächtnis einzukapseln, unbewusst ahnend, dass ich sie nicht für immer verlieren durfte, weil gerade sie mir später zum kostbaren Besitz würden, jetzt waren sie für mich Tabus.

Gesang konnte ich nicht mehr ertragen, ich verschloss Okis Schallplattenschrank mit den Opernkassetten und Liedern ohne Zahl, die uns so viele Abende zum Fest gemacht hatten. Gewisse Wege vermied ich, wie den Gang über den Michelsberg zum Kurgarten, den ich, von meiner kranken Mutter kommend, hinunterrannte, wenn ich Oki dort wusste und von weitem spähte, wie er mir zuwinken würde. Die Silberbüchse, die er immer mit Gebäck für unseren Teetisch füllte, verschenkte ich.

Kleine und große, wahllose Tabus. Mit der Zeit nehmen sie ab, hier und da eins, ich weiß nicht, wann und warum. Manche werden niemals fallen: Ich werde keine Blumenkästen mehr auf dem Balkon haben; Oki trug sie am letzten Morgen singend in den Garten.

Womit man nicht trösten kann

Man tröste nie eine Witwe, indem man ihr sagt, andere Frauen hätten nicht nur ihren Mann, sondern auch ihre Tochter oder ihren Sohn verloren. Wer trauert, ist wie ausgebrannt, es gibt keine Potenzierung der Trauer – mehr als zu Asche kann man nicht verbrennen.

»Warum ich?«

Auch wenn ich diese Frage nicht ausspreche, wie gefährlich ist es, wenn sie sich still einschleicht und sich stumm in einer verbitterten Haltung ausdrückt. So zu fragen wäre ein Vorwurf an Gott: Womit habe *ich* das verdient, ich, und nicht die andere neben mir? Als ich mit Oki glücklich war, hatte ich da gefragt: »Warum ich?«

Das Leid meiner Trauer darf ich nicht zu einer Strafe herabwürdigen. Statt anklagend Gott zu fragen, sollte ich horchen; vielleicht fragt Gott mich: Wie stark bist du? Luther sagt, wenn Gott uns martert, »da ist er vor der Tür«.

Der lebenslängliche Monolog

Als ich zum ersten Mal einen Handwerker kommen lassen musste, sagte ich: *Wir* möchten es so haben, *wir* lieben es so. Wie beglückend war es gewesen, aus dem egozentrischen, kategorischen »ich« meiner Junggesellenzeit in das behutsame »wir« zu gelangen! Ob ich je zum »ich« zurückfinden werde? Ich versuche, »meine Wohnung« zu sagen; es tut weh und scheint mir eine Lüge. Unsere Ehe war ein sprudelnder Dialog gewesen. Das fragende Du flog wie ein Ball hin und her: Was meinst du? Was möchtest du? Was liebst du? Man tastete sich in die Gedanken des anderen hinein und war glücklich um jede neue Entdeckung.

Nun muss ich einen lebenslangen, lautlosen Monolog halten und möchte doch manchmal schreien. Von ihm gefragt zu werden und ihn fragen zu können, war um mich wie eine Schale von Zärtlichkeit, die nun geborsten ist.

Der andere Ring

Wie bei allen Dingen, waren wir auch beim Ehering aufrichtig gewesen. Oki, der Ringe nicht liebte, hatte ihn nach der Trauung abgelegt, ich trug den meinen. Einer Frau bedeutet dieser Ring mehr als einem Mann, und weil ich glücklich war, zeigte ich ihn gern. Jetzt ruht Okis Ring im Kasten, nicht weil er ihn nur kurz getragen hatte und er mir fremd ist, sondern weil ich noch Okis Frau bin, auch wenn ich ihn auf der Erde nicht Wiedersehen werde. Überdies lasse ich mich durch einen Doppelring nicht gern als Witwe etikettieren.

Worte zum Fürchten

Personenstand: »Witwe«. Wieder ein Peitschenhieb. Es dauerte lang, bis ich nicht mehr dagegen revoltierte. Ich sprach das Wort *Witwe* nicht aus, umschrieb es und wollte es auf Briefumschlägen nicht lesen.

»Das ist eine rechte Witwe, die einsam ist«, schreibt Paulus an Timotheus. Diese besondere, diese beklemmende Einsamkeit einer Witwe! Zu einer rechten Junggesellin, zu einer rechten Ehefrau kann man durch Glück und Leid geformt werden, zu einer rechten Witwe nur durch Leid. Aber es ist ein Leid, dem ein voraufgegangenes Glück leuchtet!

Der Tote – ein Folterwort. Ich sagte: der Heimgegangene – und belog mich. An dem Tag, an dem ich das Wort Tod ohne Scheu aussprechen konnte, verlor es seine Brutalität und wurde für mich wirklich zu Okis Heimgang.

Der Spaziergang

Es kam der Tag, an dem ich die Wohnung verließ, ohne zum Ziel die Kirche oder den Friedhof, Behörden oder Geschäfte zu haben. Es war ein Spaziergang, mein erster Spaziergang allein. An diesem Sonntag begegnete ich vielen Paaren. Es war mir früher nicht aufgefallen, wie viele Paare man am Sonntag sieht. Die meisten kannte ich, wie man sich im Stadtviertel kennt, ohne sich zu grüßen. Einige musterten mich so, dass ich ihre Gedanken spürte: »Sie hat also ihren Mann unter die Erde gebracht.« Mitleidige Blicke waren fast noch schwerer zu ertragen. Ich sah an den Menschen vorbei; ich schämte mich meines Alleinseins; ich hatte ein Gefühl, als wäre ich schuld an Okis Tod. Ich erinnerte mich, dass meine Mutter, als sie noch jung war, niemals allein spazieren wollte. »Man könnte meinen, ich sei eine Witwe«, pflegte sie zu sagen, als sei dies ein Makel. Ohne es selbst erlebt zu haben, empfand sie es als minderwertig. Ihr Instinkt war richtig, ich kam mir vor, als hätte ich ein Mal.

Die Schönheit der Natur tat mir weh, die Paare verletzten mich. Bei den älteren, die Arm in Arm an mir vorbeigingen wie Sieger an der Geschlagenen, dachte ich: So hätte es bei uns sein können. Scham und Schmerz wollten mich nach Hause treiben. Nein, ich durfte nicht feige sein, ich wollte nicht wie vor einer Strafe fliehen, ich zwang mich weiterzugehen, aber künftig vermied ich die Sonntagsspaziergänge, oder ich lief schnell, als würde ich erwartet, oder ich ging spät hinaus, wo ich Menschen nicht mehr begegnete.

Mit der Zeit gewann ich meine Sicherheit wieder und litt weniger. Jetzt hatte ich Mitleid nicht mit mir, sondern mit den Paaren, denen ich begegnete, und ich dachte: Einer von euch beiden wird auch einmal allein spazieren; ihr wisst noch nicht, welche Qualen einem von euch bevorstehen.

Jetzt gehe ich auch sonntags aus, allein oder in Begleitung, wie es kommt. Ich trug doch stets, was Gottes Wille war: Junggesellenzeit, Ehezeit, Witwenzeit!

> »Was dir begegnet, das ist Gottes Wille,
> darin ruhe ohne Kummer.«
> *Tersteegen*

Das Zwischenreich

Seitdem ich täglich Umgang habe mit einem Toten, stehe ich nicht mehr völlig in diesem Leben. Ich bin in einem Zwischenreich und suche nach einer neuen Orientierung. In diesem Zwischenreich gewinnt das Leben auf der Erde einen anderen Sinn, und der Umgang mit dem Toten macht auf eine seltsame Art stark: Der Alltag berührt nicht mehr so sehr, er ist wichtig nur auf das Ende hin. Es ist, als ob mit dem Heimgang des Geliebten die Realitäten dieses Lebens an Gewicht verloren hätten und das Leben nach dem Tod im gleichen Maß an Realität gewonnen habe. Das Dasein auf der Erde wird wie ein Traum, in dem man plötzlich weiß, dass man mit dem Tod erwachen wird, um dann erst im Leben zu stehen.

In diesem Zwischenreich schreitet man, obwohl noch tätig im Leben, auf den Tod in Heiterkeit zu, und die Freude ist größer als der Schmerz. Zschocke schreibt von einem Mann, der nach dem Tod seiner Kinder und seiner Frau sagte, als man ihn zerstreuen und erheitern wollte: »Lasst's gut sein! Ich bin nichts weniger als traurig, vielmehr inniger selig als sonst. Ich lebe jetzt in zwei Welten. Mein Weib und meine Kinder gehören mir überall und ewig und ich ihnen. Ich bitte euch, macht euch keinen Alltagsspaß mit mir; tröstet mich nicht!«

Wenn er wüsste…

Wenn Oki wüsste, dass ich morgens vor Schwindel nicht aufstehen kann, dass mein Vater vor einer schweren Operation steht, dass ich keine Krankenschwester finde, die mich bei meiner Mutter entlastet – ich darf nicht in diese weinerliche Litanei verfallen. Dieses »wenn Oki wüsste« wird mich bis zu meinem Tod begleiten, aber es darf nur ein Gedanke sein, bei dem ich lernen muss zu lächeln, freudig zu lächeln, weil Gott mir Oki geschenkt hat und weil ich ihm jeden Tag näher komme. Jesus starb, um uns eine *frohe* Botschaft zu bringen, nicht Traurigkeit.

Die ersten Gäste

Mein erster Hausgast zwang mich, meine Trauer zu verdrängen, um einem anderen Freude zu bereiten. Ich musste das Zimmer für den Besuch mit Blumen schmücken, kochen, was er mochte, das Buch aussuchen, das ihm gefallen würde, und jeder Schritt, der mich von mir selbst wegführte zum andern hin, bedeutete zwar Schmerz – denn wie freudig hatten wir einst unsere Gäste gemeinsam empfangen! –, aber auch Heilung. Ich lernte Oki still in mir zu tragen und erfuhr, dass alles, was mich von mir selbst löste, nein erlöste, mich inniger und freudiger zu ihm führte.

> »Darum betrübt euch also, dass ihr euch vielmehr auch tröstet, denn ihr habt ihn nicht verloren, sondern vor euch hingesandt, dass er ewiglich und selig erhalten wird.«
> *Luther*

Von ihm sprechen

Anfangs konnte ich nur von Oki sprechen; alles andere war ohne Bedeutung, und was die Menschen redeten, glitt wie ein Geräusch an mir vorbei. Es gibt Frauen, deren Mund über das vergangene Glück versiegelt bleibt. Ich hatte geglaubt, zu diesen zu gehören. So wenig kennt man sich! Wollte ich von Oki sprechen im verzweifelten Versuch, ihn zwischen die Lebenden zu stellen und ihn in der Erinnerung der Menschen, die ihn gern gehabt hatten, lebendig zu erhalten? Aber ich sprach von Oki auch vor Menschen, die ihn nicht gekannt hatten und die mir fremd waren. Ich fühlte mich dann unsicher, weil diese mir neu begegnenden Menschen mich ohne Oki nur als einen Bruchteil meiner selbst kennenlernten. Ich sagte verzweifelt »wir« im Gespräch, als könnte ich damit bekunden, dass ich bloß einer der Partner sei aus einem Paar, auch wenn er, der andere Gefährte, nie mehr neben mir stehen würde.

Wie klein mag für die Außenstehenden der Schritt von der Trauer zur Groteske sein. Habe ich nicht auch über die Witwen gelächelt, die von »ihrem« Toten sprachen? Ich musste lernen, über Oki zu schweigen. Der Tote wird zum Besitz, wie es der Lebende nie war.

Man könnte

Einmal kommt die Stelle, wo man neu anfangen könnte. Man ist äußerlich frei, man könnte seinen Körper trainieren oder sich neu kleiden, könnte ein Geschäft eröffnen, sich an einer Universität immatrikulieren lassen, könnte ein Buch schreiben, sozial arbeiten – man könnte, aber man tut es nicht. Man ist frei und fühlt sich gebunden. Gebunden durch Gott? Gebunden durch den geliebten Heimgegangenen? Ein Vorgang ist an seinem Wendepunkt, was neu entsteht, braucht Zeit; man sollte warten.

Allein auf dem Bahnsteig

Ich fuhr zu Freunden und stand allein auf dem Bahnsteig. Es war der Bahnsteig, auf dem Oki und ich vor vier Jahren ausgestiegen waren und der uns, so hässlich er ist, immer als der schönste aller Bahnsteige erschienen war. Unser letzter Lebensabschnitt in der nahe gelegenen Miniatur-Großstadt, die wir liebten, sollte für uns der schönste werden. Wir beneideten keine jungen Menschen, reife können intensiver genießen; wir beneideten keine Reichen; wir hatten genug für unsere Bedürfnisse; in einer Wohnung, deren Blick uns täglich neu entzückte, von keinem Berufsleben mehr ausgelaugt, konnten wir uns den Dingen widmen, die uns fesselten. Wir waren glücklich.

Nun stand ich wieder auf diesem Bahnsteig, zum ersten Mal allein. Meine Trauer schmerzte, als würde ich von innen her zerrissen. Fast wäre ich weggerannt. Aber wohin? Vor meiner Qual konnte ich nicht fliehen, ich trug sie überall mit mir, nur dass sie auf diesem Bahnsteig noch unerträglicher erschien. Der Wind blies peitschend, die Schienenstränge dehnten sich endlos nach beiden Seiten schnurgerade in die Ebene hinein. Einsam und allein auf einem anderen Planeten hätte ich mich nicht verlorener fühlen können. Ich hatte mich nach der Umwelt einer glücklichen Familie gesehnt, und nun erwarteten mich meine Freunde, ich musste fahren.

Der Zug fuhr ein. Mit meinem Koffer hastete ich am nächsten Wagen vorbei, um nicht sehen zu müssen, wie ein Mann seiner Frau sorgsam half einzusteigen, und nicht hören zu müssen, wie er ihr sinnlose freundliche Mahnungen zurief.

»Gott, der Du mich knetest« …
Teilhard de Chardin

Was neu entsteht, braucht Zeit

Die erste Heimkehr

Es war gnädig, nicht gewusst zu haben, wie entsetzlich die erste Heimkehr nach einer Reise ohne Oki sein würde. Die Ankunft auf dem Bahnsteig, wo mich niemand erwartete; ich eilte zur Taxe, als würde ich verfolgt; ich hastete die Treppe empor zu unserer Wohnung, schloss die Tür auf – und war entsetzt. Eine Freundin hatte es gut gemeint und überall Blumen hingestellt. Die Wohnung war lebendig, und ich meinte, Oki müsste mir aus jeder Tür entgegenkommen mit seinem wiegenden Gang und seinem strahlenden Lächeln. Ich warf mich auf Okis Sofa; zum ersten Mal schluchzte ich laut auf.

> »Wir sollen die Toten verehren, aber nicht mit Tränen und Weinen, sondern mit Ringen und Kämpfen, mit einem Leben nach ihrem Sinne, in Kraft und Heiterkeit.«
> *Jeremias Gotthelf*

Wenn ich jetzt von einer Reise heimkehre, bin ich Oki dankbar, dass er mir die Geborgenheit eines Heimes schuf, und ich fühle wie der Psalmist, dass »Gott die Einsamen nach Hause bringt«.

Wozu?

An manchem Alltag überfiel mich das bohrende »Wozu?«.

Auf meinem Schreibtisch stapelten sich Zeitschriften mit den unerledigten Referaten.

Geld verdienen: wozu?

Staub wischen: wozu?

Blumen in Vasen stellen: wozu?

Lesen: wozu?
Mich pflegen: wozu?

Teilhard de Chardin sagt: »Jede bewusste Energie ist wie die Liebe auf Hoffnung gegründet.« Weil ich die Hoffnung hatte, musste ich auch die Energie aufbringen – oder ich wäre ohne Glauben gewesen und hätte mich selbst betrogen.

Es gibt keinen sinnlosen Alltag. Es gibt nur einen Alltag, an dem man glücklich ist, und einen anderen, an dem man leidet. Der Inhalt jedes Alltags ist in beiden Fällen gleich wichtig: in der Hoffnung tätig bleiben, dass wir durch unser Wirken, welches es auch sei und so gering es auch sei, mit beitragen zu Gottes Schöpfungsplan. Mit *diesem* »Wozu«, das keine Frage mehr ist, wird jede Tätigkeit sinnvoll und freudebringend.

> »Glaube ist nicht eine *Ansicht* von der Welt,
> sondern ein Energiezentrum.«
> *Spranger*

Der Körper wehrt sich

Als ich wieder einmal zum Arzt ging, sagte mir die Sprechstundenhilfe, es freue sie, dass ich jedes Mal besser aussähe, nicht mehr ein Hauch wie beim ersten Besuch. Sie hatte Recht, aber sie gab mir einen Stich. Mein Körper wehrte sich, er wollte nicht mehr gepeinigt sein, er wollte stark werden. Ich schämte mich, es war mir, als würde ich Oki verraten.

Ich weiß nicht, ob es stimmt, dass bei einem Pferdepaar ein Tier dem anderen nachstirbt, wenn sie lange Zeit hindurch zusammen angespannt wurden; sicher ist, dass ein Hund seinem Herrn nachsterben kann. Ich machte mir klar, dass solches Nachsterben der Kreatur einem zwar rührenden, aber hilflosen Urtrieb entspringt. Für den Instinkt des Tieres mag der Tod das Ende bedeuten, für den Menschen ist er ein Beginn. Das Nachsterben ist die Schwäche des Tieres, das Weiterleben die Stärke des Menschen. Wie schwach sind die Witwen, die nicht weiterleben wollen, weil sie nicht mehr verwöhnt und geliebt werden. Es wäre kläglich und heidnisch gewesen, Oki nachsterben zu wollen. Ich musste gesund werden und so viel schaffen, wie Gott mir Kraft gab und solange er sie mir gab. Man muss mit seinem Körper fertig werden; er dient uns auf dem Weg zu Gott.

Leben wie Hanna

Von Hanna heißt es in der Bibel, sie verbrachte ihr Leben, da sie ihren Mann nach sieben – nur sieben! – Jahren verlor, mit Beten und Fasten. In der Übersetzung von Luther steht: »Es war eine Prophetin Hanna.« Jörg Zink sagt: »Eine begnadete Frau.« Das traf mich. Ich bin nicht begnadet; ich kann nicht wie Hanna leben!

Ich hatte mich für die Ehe entschieden, sie war vor Gott gesegnet worden, und ich hatte sie pflegen dürfen wie ein Gottesgeschenk. Das Leben der Landgräfin Elisabeth von Thüringen hat mich nie ganz überzeugt. Sie hätte, wie mir schien, Gutes wirken können, ohne sich zu kasteien und ihre Familie zu vernachlässigen. Aber jetzt ist Oki nicht mehr bei mir, ich bin seit Jahren allein, bin frei – und mein Gewissen bohrt. Joseph, dem sonst so karg erwähnten Mann der Maria, erschien vier Mal ein Engel im Traum und brachte ihm Befehle von Gott, berichtet Matthäus. Wir träumen heute nicht mehr Gott-Befehle oder vernehmen sie nicht mehr; ist aber unser Gewissen nicht ein einziger Gott-Befehl? Wollte ich nach meinem Gewissen leben, müsste ich zwar nicht mein Leben mit Beten und Fasten verbringen, aber ich müsste viel Beiwerk streichen und meine ganze Kraft für meinen Nächsten einsetzen. Das eben vermag ich nicht; ich kann nicht wie Hanna leben!

> »Die Materie ist einfach der Berghang, auf dem man ebenso gut hinauf- wie hinabsteigen kann.«
> *Teilhard de Chardin*

Ich steige nicht hinab, aber auch nicht hinauf, ich bleibe stehen, und das ist schlimm. Die Erzählung der Bibel vom reichen Jüngling, der die Gebote hält, aber nicht die Kraft hat, alles zu verkaufen, was er besitzt, um es den Armen zu schenken, hat mich immer beunruhigt. Markus schreibt als einziger Evangelist: »Und Jesus sah ihn an und liebte ihn.« Selbst dieser, der Jesus liebenswert erschien, verkaufte nicht alles, was er hatte, um Jesus zu folgen, sondern ging traurig von dannen. Wäre nicht am Ende der Erzählung dieser Lichtstrahl »bei Gott sind alle Dinge möglich«, dann wären der reiche Jüngling und ich, obgleich wir sonst die Gebote halten, verloren.

Ich hätte zwar nicht so viel zu verschenken wie der reiche Jüngling, aber es kommt ja nicht auf die Summe an, die man weggibt, sondern darauf, dass man *alles* von sich wirft. Es ist so viel leichter, an Christus zu glauben, als ein Christ zu sein! Friedell nennt es in seiner Kulturgeschichte »den vielleicht größten Zwiespalt im Dasein der Erdenbewohner«. Er besteht in der aufwühlenden Frage: Was ist der Sinn des Lebens, Schönheit oder Güte? Ich weiß, dass es die Güte ist, aber ich kann die Schönheit nicht beiseite lassen.

> »Ich gehöre nicht ganz Gott und nicht ganz den Dingen.«
> *Teilhard de Chardin*

Natürlich leiste ich meine kleinen Kulidienste für Kranke, Arme und Gemeinde; ich arbeite, aber wie viel Zeit und Geld verwende ich noch für das, was ich schön finde in der Natur, in der Kunst und in unserem Heim, anstatt für das, was gut wäre? Die Schönheit ist der Stachel in meinem Gewissen. Ich werde den »Berghang« nicht wie Hanna bewältigen, aber ich werde mit aller Kraft versuchen, wenigstens um Schritte hinaufzusteigen.

> »Dieselbe Materie, die uns größeres Vergnügen und geringere Mühe anzuraten schien, wird nun für uns ein Ansporn, weniger zu genießen und uns mehr anzustrengen.«
>
> *Teilhard de Chardin*

Er hätte gesagt…

Als Irene mich zum ersten Mal wieder besuchte und im Türrahmen stand, sah ich sie verzweifelt an. Bei meinem krampfhaften Versuch, einen Halt zu finden, fiel mir ein, Oki hätte gesagt: »… habt Freude, aber denkt an mich.« Später erzählte mir Frau A., die seit vielen Jahren Witwe war, sie habe ihrem kranken Mann gesagt, als er sie einmal bedauerte, weil sie so viel Mühe durch seine Pflege habe, er solle ihr dafür nur eine Bitte erfüllen, er möge, wenn er drüben sei, ihr helfen. »Und er hilft mir«, hatte sie einfach hinzugefügt.

Die Bücher an meinem Bett

Als ein Freund im Krieg fiel, fand ich in einem Buch Pascals Brief an seine Schwester zum Tod des Vaters, und dieser Brief half mir in einer schweren Zeit. Seitdem steht Pascal mit der Bibelübersetzung von Luther und der Zürcher Übertragung, später mit der von Jörg Zink auf dem Tisch neben meinem Bett. Nach Okis Tod entdeckte ich »Le milieu divin« (deutsch: »Der göttliche Bereich«) und die Briefe von Teilhard de Chardin. Seit Jahren schöpfe ich immer neue Freude aus den Werken dieser beiden Männer mit dem brennenden Herzen und dem kühlen Geist.

Ohne Systematik, durch Besprechungen oder Zufälle suchte ich mir Jahr für Jahr Werke von großen Glaubenden heraus und stellte mir so allmählich eine Sammlung in meiner Bibliothek zusammen. Ich hätte mir an meinem Bett eine große Auswahl von Büchern aufbauen können, von der Regel des Heiligen Benedikt und den Gesprächen des Bruder Lorenz bis zu den Tagebüchern von Jochen Klepper. Pascal und Teilhard de Chardin genügen mir für die letzten Minuten oder Stunden jedes Tages. Mit ihnen bin ich nicht allein. Jeden Abend bin ich bei Gott geborgen, so wie auch Oki bei ihm geborgen ist.

Das ewige Haus

»Und wenn die Himmel einstürzen
und alles aus –!
dann gehen wir beide
ins ewige Haus!«,

schrieb Oki in die Bibel, die uns der Pfarrer zu unserer Trauung schenkte. Wie kam er auf den Ausdruck »ewiges Haus«? Was mag er sich darunter vorgestellt haben? Ich bin dem Ausdruck sonst nur bei Jochen Klepper begegnet, als Titel zu seinem Buch über Katharina Bora, das Buch, das er nicht beenden konnte und das ich immer vermissen werde. Das »ewige Haus« strömt so viel Geborgenheit aus. Ob es Oki schon erreicht hat? Nun muss ich allein den Weg dorthin suchen.

Der Totenmonat

Ich habe den Totenmonat gern. Meine Freunde glauben, mich im November mehr bemitleiden zu müssen als sonst. Sie irren. In den Frühlingsmonaten waren mir die Blüten, die Oki liebte, zu Krallen geworden, die mich wund machten. Im Totenmonat bin ich ruhig wie die Natur; es ist mein Monat. Ich denke immer an Oki, also immer an den Tod; er ist das Tor zu meiner großen Freude. Warum sollte ich den Totenmonat fürchten?

Die drei Wünsche

Wenn Oki noch bei mir wäre und ich drei Wünsche äußern dürfte wie im Märchen, *einen* Wunsch wüsste ich jetzt: mit ihm sterben zu dürfen. Die Leute im Märchen haben nie an diesen wichtigsten Wunsch gedacht, um auf der Erde glücklich zu sein, und doch steht jedem liebenden Paar die Qual des trennenden Todes bevor, schlimmer als irgendeine andere Qual. Wie kommt es, dass dieser Wunsch immer vergessen wurde?

»Gott erhalt dich mir«, heißt es in einem Lied, das Oki sang. Ich wüsste heute gern den ganzen Text des Liedes und kann ihn nicht mehr finden. Wohl bat ich Gott täglich, Oki zu segnen, aber ich flehte ihn nicht mit Inbrunst an, mir Oki zu erhalten, wie um eine Gabe, die mir in jeder Sekunde entrissen werden konnte. Die Ehe, das schönste Geschenk Gottes an den Menschen, ist unlösbar mit dem Entsetzlichsten verbunden, mit der Trennung im Tod – als müsste Gott uns daran erinnern, dass wir *seine* Geschöpfe sind. Gewiss, der Pfarrer pflegt am Hochzeitstag auf die Trennung hinzuweisen. Wie schön sagt es der Priester den Verlobten im Roman von Manzoni bei der Trauung, dass selbst ein Leben, von keiner Widerwärtigkeit getrübt, mit einem großen

Schmerz enden müsse in dem Augenblick, wo sie voneinander scheiden müssten. »Liebt euch als Gefährten der Reise mit diesem Gedanken, dass ihr einst auseinandergehen müsst, und mit der Hoffnung, dass ihr euch für immer wiederfinden werdet.« Jeder Priester sagt es, viele Eheleute denken daran, aber keiner kann ermessen, wie furchtbar die Trennung einst sein wird, ehe er selbst sie durchleidet. So wird gemeinsam zu sterben nie zu den drei Wünschen der Märchen gehören.

Einer aber, der es ermessen konnte, schrieb einen ganz anderen Wunsch an seine Braut:

»Bist du bei mir, geh ich mit Freuden
zum Sterben und zu meiner Ruh.
O wie vergnügt war so mein Ende,
es drückten deine schönen Hände
mir die getreuen Augen zu.«

Ein schönes Lied – ein grausamer Wunsch. Johann Sebastian Bach war damals Witwer; er hatte die Qual der Trennung vom Ehepartner durchlitten und mutete sie dennoch seiner zweiten Braut zu. Meist äußern Männer diesen Wunsch. Dass wir überleben ist das Opfer, das wir unseren Männern bringen.

Ewigkeitssonntag

Am ersten Ewigkeitssonntag habe ich das Abendmahl in der Kirche vermisst. Ich hatte mich hierauf vorbereitet und war enttäuscht. Wir sind doch alle Gottes lebende Geschöpfe, die Heimgegangenen und wir, wenn auch jetzt in getrennten Welten. Durch das Abendmahl werden wir zusammengeführt, und so bleibe ich mit Oki und allen verbunden.

»Ein Staat besteht aus den Lebenden und den Toten.«
Winston Churchill

Ein gutes Wort! Es war mir bis jetzt nicht bewusst geworden, dass die Zahl der Toten, mit denen ich lebe, größer ist als die Zahl der Lebenden. Wenn ich sie addierte, die Toten der Geschichte, der Freunde und der Familie, welch eine Zahl ergäbe das! Und wenn ich sie aus meinem Leben striche mit allem, was sie mir hinterließen, was bliebe mir übrig? – Die Toten formen uns.

Seine Zeichen

Es dauerte viele Wochen, bis ich wieder ein Buch lesen konnte. In meinem langsam erwachenden Verlangen griff ich unbewusst nach den Autoren, deren Werke im Glauben verankert waren, auch wenn sie es mit keinem Wort bezeugten. Die Trauer gibt uns ein neues Gespür. Heutige Schriftsteller mit ihren qualvoll ungelösten Problemen in einer Existenz ohne Sinn lehnte ich zunächst ab. Schmerz macht empfindlich. Ästhetik oder Gesellschaftskritik waren keine Maßstäbe mehr. Es war, als ob meine Seele ihren Durst nach Gott, Liebe und Ewigkeit stillen wollte.

Das anfängliche Zurückschrecken vor den Büchern unserer Hausbibliothek hatte aber noch einen anderen Grund. Ich hatte Angst, Bücher aufzuschlagen und in ihnen Okis Handschrift zu finden. Er pflegte in jedes Buch, das er mir schenkte, etwas einzutragen, damit ich später einmal, wenn er nicht mehr da wäre, in allen Büchern Zeichen von ihm fände. Ich hatte mich hierüber gefreut, aber über den Grund gelächelt, denn seine Familie war seit je langlebig gewesen.

Das Glück unserer Ehe lag in diesen impulsiv hingeworfenen

Zeilen. Alles hatte er festgehalten: zwei Mal vierzehn Geburtstage, vierzehn Weihnachtstage, vierzehn Hochzeitstage, Ferien, kleine und große Begebenheiten, Krankheiten, Gäste, sogar ein tapfer ertragenes Zahnziehen war humorig erwähnt. An unserem ersten Hochzeitstag hatte ausnahmsweise ich etwas eingetragen: »Der 23. November fand uns ohne Reue.« Von da an hatte Oki in diesem Buch jedes Jahr einen Ehe-Lagebericht niedergeschrieben; seine letzte Feststellung lautete: Die Zeit hat noch immer nichts an diesem glücklichen Zustand geändert.

Die Zeit des Zurückschreckens vor diesen Eintragungen ist vorbei. Ich sitze jetzt abends in Okis Zimmer und sehe in der Ferne die Lichter in den Häusern an- und ausgehen. Sonst hatte Oki abends unsere altmodischen Holzläden geschlossen, und dann begannen unsere stillen Stunden, in denen wir mit unserem Glück allein waren. Die schweren Läden könnte ich allein nicht bewegen, und ich habe auch kein Glück mehr zu verbergen, aber ich habe Frieden gefunden. Jetzt freue ich mich auf die Abende allein mit einem Buch und Okis Eintragungen; sie bringen mir, was er gedacht hatte: zärtliche, dankbare Erinnerung.

Armut der Sprache

Ein toter Körper bedeutet einen Körper ohne Leben; ein Toter aber lebt! Diese Ungenauigkeit, für mich Falschheit der Sprache, lässt mir keine Ruhe. Viel leicht gibt es darüber theologische, philosophische, sprachwissenschaftliche Abhandlungen. Mich wundert nur, dass es im Alltag niemanden zu stören scheint. Seit Jahrhunderten hat man den lebenden Toten kein eigenes Wort gegönnt. Prägte das Volk aus diesem Gefühl das schöne Wort der »Heimgegangene«? Habe ich mich deswegen so lange gesträubt, von Oki als einem »Toten« zu sprechen, weil er für mich lebte? Nur beim kristallklar denkenden Lessing begegnete mir eine Bemerkung hierüber: »… und es ist nur der Armut der Sprache zuzurechnen, wenn sie beide diese Zustände, den Zustand, welcher unvermeidlich in den Tod führt, und den Zustand des Todes selbst mit einem und demselben Worte benennt.« Und bei Bachofen las ich: »Zu arm ist die menschliche Sprache, um die Fülle der Ahnungen, welche der Wechsel von Tod und Leben wachruft, und jene höheren Hoffnungen, die der Eingeweihte besitzt, in Worte zu kleiden.« Sollten wir nicht gerade beim Tod genau denken?

Keine Zeit

Frau Rat Goethe ließ angeblich in ihrer Todesstunde eine Besucherin abweisen mit den Worten: »Die Frau Rat hat jetzt kei' Zeit, sie muss sterbe'.« Heute haben wir Zeit für alles, nur nicht zum Sterben. Wenige Menschen beherrschen die Kunst des Sterbens wie Dr. K.s greise Mutter, die eine Flasche mit Herztropfen beiseite schob und ruhig sagte: »Bis jetzt habe ich gelebt, jetzt wird gestorben.« Ein solches Sterben muss man erlernen. Das Leben: ein Studium mit der Abschlussprüfung Tod.

Die erste Weihnacht mit Charles Dickens

Am Christmorgen hatte ich Oki mein Geschenk gebracht, ein Lämpchen mit einer Kerze. Auf dem Friedhof versuchte ich im Sturm das Licht anzuzünden, mir zuredend: kein Selbstmitleid! An dieser ersten Weihnacht hatte ich keine Umarmung, keine Geschenke von Oki, nichts, um mich zu freuen, und zugleich alles: die Geburt Christi. Diese Weihnacht feierte ich nicht, um beschenkt zu werden, sondern um Christus zu danken. Es war eine wirkliche Weihnacht.

Verena und Karsten hatten mich mit Gästen für den Abend eingeladen, und wie überall, wo die Häuser mit erlesenen Kunstgegenständen geschmückt sind, standen die Weihnachtsattribute, die Kerzen, die in Brokat gekleideten Engel, ein wenig verloren im Raum, und nach den Liedern der Schallplatte wurde von vielem gesprochen, nur nicht von der Geburt, die uns zusammengeführt hatte. Für mich war es dennoch ein Christfest; Verena und Karsten umgaben mich mit ihrer Freundschaft, und wo so mit Liebe geschenkt wird, ist immer weihnachtlicher Glanz!

Auf dem Nachhauseweg ging ich zwischen zwei Gästen, einem Chemiker und einem Physiologen, die beide nicht glauben konnten, weil sie »exakte Wissenschaftler« waren. Als ob Pascal und Teilhard de Chardin keine exakten Wissenschaftler gewesen wären, und als ob irgendeine Wissenschaft der Welt in ihrer Begrenztheit Gottes Unbegrenztheit je antasten könnte! Ebensowenig wie ich jemandem beweisen kann, dass Gott ist, kann mir irgend jemand beweisen, dass er nicht ist.

Warum bedauerten mich meine Freunde heute abend, Weihnachten, mehr als sonst, warum hatte mich Verena beim Abschied besonders liebevoll umarmt, wenn Weihnachten nicht etwas Besonderes geschah?

Ich dachte an Oki, dem Jesus eine Stätte bereitet hatte. Bei mir gab es keinen festlichen Schmuck und keine Lichter, allein entzündet man keine Kerzen. Ich las in einer Erzählung von Charles Dickens und fand ihn voller Kraft im Tragen des Leids. Seitdem lese ich zu Weihnachten gern ein Werk von ihm und warte das ganze Jahr auf die stillen Abende. Weihnachten war immer licht für mich. Ich war traurig und fröhlich wie eine, »die nichts hat und doch alles besitzt«, wie Paulus es schreibt. Ich war glücklicher als jene beiden Gäste, die mich begleitet hatten: Ich hatte den Himmel vor mir und sie das Nichts.

Silvester

Silvester hat mir nie viel bedeutet. Ich bin kein Zahlen- und Datumsmensch, und das neue Jahr beginnt für mich mit dem Advent. Dennoch hoffte ich, den ersten kalendarischen Jahresanfang ohne Oki überschlafen zu können. Es kam anders. Das Feuerwerk im nachbarlichen Garten weckte mich. Ich lag wach mit meiner Qual, und das Knallen skandierte schmerzhaft meine Erinnerung an vierzehn glückliche Silvesternächte mit Oki.

»… das Ende dieses Jahres wird für uns besser sein als sein Anfang. So ist es Gottes Wille.« Dieser Satz meines Onkels Spoerri fiel mir ein. Mich presste der Schmerz noch zusammen, aber für Oki *ist* das Ende dieses Jahres besser. Das musste für mich entscheidend sein.

Die Losungen

Als ich heiratete, las ich schon seit vielen Jahren die Losungen, auf die mich irgend jemand aufmerksam gemacht hatte, und ich brachte sie Oki zu Beginn eines jeden Jahres mit.

Wir lasen sie getrennt und sprachen selten darüber. Nur an manchen Tagen, wenn ein Vers ihn erregte, weil er für uns oder Freunde oder Ereignisse passend war, stürzte Oki zu mir herein, um ihn mir leidenschaftlich vorzutragen.

Am ersten Todestag Okis lauteten die Losungen: »Ich werde wandeln vor dem Herrn im Lande der Lebendigen«, und: »Das ist die Verheißung, die er uns verheißen hat: das ewige Leben.« Ein Zufall, gewiss, aber welch ein Trost an diesem gefürchteten Tag!

Sein Geburtstag

Es naht Okis Geburtstag. Wenn ich meinem Glauben gemäß denke, dann war der Tag seiner Geburt eine Geburt zum Tode, der Tag seines Todes aber eine Geburt zum Leben. Heute bin ich glücklich, glücklich auf eine seltsame Art. Die Erinnerung an unser gemeinsames Leben begleitet mich mit einer stillen Freude, und die Zukunft steht vor mir mit Gottes unermesslicher Verheißung. Ich habe ein Glück gefunden, das mir niemand und nichts rauben kann – außer Gott selbst.

> »… ob wir seinen Willen auch höher achten und lieben, denn uns selbst, und alles, was er uns zu lieben und zu haben auf Erden gegeben hat …«
> *Luther*

Es ist mir, als liefe ich ohne Hast, dennoch immer schneller auf die Erfüllung meiner Hoffnung zu.

Die alten Kleider

Es war mir schwer gefallen, Trauerkleidung anzulegen, es fiel mir fast noch schwerer, sie abzulegen. Jetzt hing ich am schwarzen Jackenkleid, in dem ich alle Phasen der Qual durchlitten hatte, wollte es nicht mehr weglegen. Im trennenden Schwarz hatte ich mich beengt gefühlt wie in einem Panzer, der mir manchmal aber auch Schutz gewährte. Von Schwarz und Leid umhüllt, nahm ich in der Stadt Menschen und Dinge kaum gewahr, und niemand hätte gewagt, mich mit Nichtigkeiten anzusprechen. Wenn ich auf der Straße fühlte, dass mir die Tränen kamen und ich sie hilflos rollen lassen musste, hätte ich mich sogar hinter einen jener dichten Witwenschleier verbergen mögen, die mir früher so theatralisch erschienen waren. Später erschrak ich über die große Zahl der Frauen, die selbst Trauerkleidung trugen und mit blicklosen Augen meinen Weg kreuzten.

Jetzt verletzte mich nicht mehr das Schwarz, sondern die Farben, und wenn ich reich gewesen wäre, hätte ich alle meine früheren bunten Kleider verschenkt. Sie plötzlich wiederzusehen, schien unerträglich, denn jedes war mit Erinnerungen verbunden. Am braunen Jäckchenkleid, das ich am letzten Abend trug, als wir einen Gast hatten, stak noch die Brosche am Kragen, wie Oki sie mir angesteckt hatte.

Die Menschen mehr lieben

Seit Oki nicht mehr hier ist, kann ich die Menschen mehr lieben. *Ihn* liebe ich nicht weniger, aber er ist wie jemand, der verreist ist und nun nicht umsorgt zu werden braucht. Ich bin mit meiner Zeit und Kraft frei für andere. Die Menschen, die mir jetzt nahe sind, stehen in einem entfernteren Kreis zu mir als der Mann, mit dem ich eins war.

Heute bin ich für alle Menschen gleich bereit, weil sie alle Geschöpfe Gottes sind. Im Zimmer meiner Mutter im Krankenhaus gab ich oft fremden Leidenden zu trinken, wischte ihnen die Stirn oder tat eine der vielen lächerlich geringen Hilfen, die sich ergaben. Viel anderes konnte ich nicht tun, aber in jeder Winzigkeit lag etwas Liebe, und ich konnte spüren, dass die Kranken hinter den banalen Handreichungen meine Teilnahme fühlten. Sie machten mir rührende Geschenke und sagten mir gute Worte, als sie am Ende kaum noch sprechen konnten. Die Menschen alle um ihretwillen, nicht um meinetwillen zu lieben scheint mir *jetzt* nicht mehr so schwer, und ich erlebe, dass man auch bei solcher Liebe Glück empfinden kann.

Die Mauersegler

Die Mauersegler sind da. Mit schrillem Laut streicht einer über meinen Kopf hinweg; ich haste vom Balkon. Es war eines unserer Ehespiele gewesen: Wer würde sie im Frühling zuerst sehen? – Ein Mädchen im Nachbarhaus übt auf dem Klavier die Leitmelodie der Maigret-Folge aus dem Fernsehen, die Oki immer erwartungsvoll angestellt hatte. Ich schlage das Fenster zu. – Ein Mann geht auf der Straße an mir vorbei, ich atme Okis Kölnisch Wasser und renne davon. – Es ist immer zu spät für die Flucht. Das Gefühl reagiert so viel schneller als das Denken! Noch nach Jahren wird es Bilder, Melodien, Gerüche geben, die, ehe ich sie bewusst aufgenommen habe, den Schmerz mit einer Präzision ausbrechen lassen, der ich ausgeliefert bin. Es gibt keinen Hebel, der diesen Automatismus abstellen könnte. Aber jetzt fliehe ich meinen Schmerz nicht mehr, den ich Tag um Tag mit Zärtlichkeit umsponnen habe, damit er stiller werde. Ich lasse mich jetzt auf dem Balkon von den Schwalben umkreisen; wenn jene Melodie ertönt, schließe ich das Fenster nicht mehr, und wenn ich jenen Geruch einatme, gehe ich lächelnd meinen Weg zu Ende.

... in Zeit und Ewigkeit

Seit kurzem verfolgen mich Bruchstücke einer Melodie mit dem Satz »... ich liebe dich in Zeit und Ewigkeit«. Diese Worte, die mir früher nichts sagten, die ich vielleicht antiquiert fand, fielen mir ohne äußeren Grund nach Jahren wieder ein; sie trafen mich. Genau so fühle ich, so klar, so einfach: Oki ist in meinem Herzen in Zeit und Ewigkeit. Jetzt sind die sieben kleinen Worte mir trostreich. Trauer hat ihr eigenes Maß, niemals sollte man darüber lächeln.

Nebenan ist Hochzeit

Eine der Töchter heiratet. Die Terrasse ist mit Girlanden von Lampions geschmückt, aus den geöffneten Fenstern tönt Musik, im Garten gehen Gruppen spazieren. Ich stehe am Fenster; ich muss lernen, das Glück anderer ohne Bitterkeit zu sehen.

Ein Jahr später: Der Brautvater war plötzlich gestorben. Jetzt steht die andere Frau schwarz gekleidet am Fenster. Jetzt wird sie in die Intensität des Todesbannes hineingepresst, die sich bei mir gelockert hat. Wie gut, dass sie nicht weiß, welche Qualen sie erwarten.

Wie schnell Menschen die Erde verlassen! Als wir eingezogen waren, hatten wir abends, im Haus gegenüber, eine alte Frau allein in einem der Zimmer gesehen; sie hielt die Läden offen, brannte Licht und saß die Nacht hindurch an einem runden Tisch. Wir hatten Mitleid mit der Unbekannten gehabt: eine kranke, einsame Frau; sie starb bald.

Jetzt wohnen wieder andere Leute nebenan, ein neues Paar. Was steht ihnen bevor: Hochzeit? Begräbnis? Wie kurz die Gnadenspanne zwischen beiden ist! Und immer leben wir mit unstillbarer Gier, als wäre unser Leben unbefristet.

Die Nacht leuchtet wie der Tag

Der Schmerz kommt und geht, wann er will

An Okis Todestag hatte Verena mich frühmorgens angerufen. Sie hatte eine belegte, leise Stimme gehabt und rührend versucht, sich anzupassen. Dieser Morgen war, ich weiß nicht warum, keiner der quälenden gewesen. Es war vielmehr einer jener Tage, wo ich fast glücklich sein konnte; ich empfand wie der Prediger: »Der Tag des Todes ist besser als der Tag der Geburt.« Oki war erlöst, und ich harrte auf meine Erlösung.

In der ersten Zeit war der Schmerz an jedem Tag in der Todesstunde von Oki neu aufgebrochen, und es dauerte lange, bis ich diese Stunde ohne heftige Unruhe überstand. Es konnte sein, dass meine Qual morgen wieder wie ein Vulkan ausbrechen und mich unter einer Lava von glühendem Schmerz ersticken würde. Ich habe seitdem immer wieder erfahren, auch jetzt, da ich gefasst bin: Der Schmerz kommt und geht, wann er will. Er ist in Tiefen versenkt, die wir in uns nicht ausloten können. Man ist ihm wehrlos ausgesetzt, muss dankbar sein, wenn er nachlässt, ergeben, wenn er kommt.

Eine Witwe macht es immer falsch

Als ich später einmal eine Freundin besuchte, die vor vielen Jahren ihren Mann verloren, ihre drei Töchter erzogen und verheiratet hatte, sagte sie mir unvermutet, während wir am Kaminfeuer saßen und den Sturm durch die alten Eichen des Gartens toben hörten: »Eine Witwe macht es immer falsch. Man findet sie entweder bigott oder frivol, bis man sie schließlich vergisst.«

In einem hatte sie Recht: Als Witwe ist man der Kritik eher ausgesetzt als in einem anderen Stand. Warum? Auch mich hatte das zuerst unsicher gemacht. Mit der Zeit erschien mir dann für mich allein die Meinung der anderen so belanglos. Unser Ruf vor Gott, der sollte uns beunruhigen, sonst nichts.

Die Arbeit

Als ich die Arbeit an meinen wissenschaftlichen Referaten wieder aufnahm, hatte ich Bedenken, denn Geld brauchte ich nicht. Aber es gibt kein schlechtes Geld, sondern nur schlecht benutztes Geld, und ob eine Witwe ihre Kraft einsetzt, um unentgeltlich sozial zu arbeiten oder um durch erarbeitetes Geld sozial zu helfen, ist gleich. Paulus sagt bündig: »Ein jeglicher, worin er berufen ist, darin bleibe er bei Gott.« Für eine Witwe scheint mir Arbeit, wenn sie sich nicht mit ihr betäubt, sondern sie sinnvoll nach ihren Kräften ausübt, notwendig.

> »Zur Vollendung der Schöpfung helfen wir
> auch mit der niedrigsten Arbeit unserer Hände.
> Dies ist letzten Endes der Sinn und der Preis
> unseres Tuns.«
> *Teilhard de Chardin*

Wenn wir unsere Arbeit als Dienst an Gott auffassen, werden wir zu einem einzelnen Stich an einem kostbaren gigantischen Wandteppich: Wir wissen nicht, welchem Muster wir dienen, aber wir tragen dazu bei wie die Millionen anderer Stiche, ein Gemälde darzustellen, dessen gewaltige Zeichnung nur Gott kennt. Wir sind mit unserer Arbeit einbezogen in Gottes Schöpfungsplan, das gibt uns Zuversicht und die Freude zu schaffen. Unseren Schmerz lindern kann nur der Glaube, nicht die Arbeit; aber eine Tätigkeit brauchen wir, um uns zu entfalten und zu vollenden nach Gottes Willen.

Im Wellengang des Lebens

Ich hatte es immer wie einen Berg vor mir hingeschoben, aber ich wusste, dass ich keine Ruhe haben würde, ehe ich nicht Okis Erinnerungen, soweit sie überarbeitet waren, geordnet hätte. Die letzte Seite, die er schrieb, hatte er mir am Tag vor seinem Tod vorgelesen. Seine Begeisterung war mitreißend gewesen, und beim Abschreiben verfolgte mich seine Stimme. Ich hörte die Betonung eines Wortes, ich kannte die Pausen, bei denen er mich erwartungsvoll anblickte … Jede Seite war eine Folter.

»Im Wellengang des Lebens« sollten die Erinnerungen heißen, denn oft hatte er zwischen Alexandrien und Tokio die Meere durchkreuzen müssen, im Ersten Weltkrieg die ägyptische, im Zweiten Weltkrieg die japanische Heimat verlierend. Viel Arbeit hatte er in seinen beiden letzten Lebensjahren auf seine Erinnerungen verwandt, die ein Torso bleiben werden. Auch was er in seinem Beruf aufgebaut hat, wurde zerstört. Aber er schuf an einem Werk, das wichtiger ist. Er formte seine Seele, und mit ihr wurde er zu einem winzigen Baustein in der Vollendung der Welt. Nicht das fertige Werk oder der Erfolg eines Menschen mögen am Ende eines Lebens vor Gott entscheidend sein, sondern sein *Bemühen.* Auch mein Büchlein für eine Witwe könnte Stückwerk bleiben, aber auch von ihm darf ich demütig hoffen, dass es, wie Teilhard de Chardin sagt, als Anstrengung dazu beiträgt, »die Welt in Christo Jesu zu vollenden«.

Unsere späte Ehe war uns beiden für eine kurze Spanne Zeit ein Rettungsfloß gewesen, auf dem wir hatten ruhen dürfen. Gott hat uns wieder in die See geschleudert, er hat Oki geborgen, ich muss im Wellengang noch kämpfen, bis Gottes Hand sich nach mir streckt.

Nicht an seiner Trauer vorbeileben

Goethe schrieb an Schiller nach dem Tod seines Kindes: »Man weiß in solchen Fällen nicht, ob man besser tut, sich dem Schmerz natürlich zu überlassen, oder sich durch die Beihilfen, die uns die Kultur anbietet, zusammenzunehmen. Entschließt man sich zu dem letzten, wie ich es immer tue, so ist man dadurch nur für einen Augenblick gebessert, und ich habe bemerkt, daß die Natur durch andere Krisen immer wieder ihr Recht behauptet.«

Ich hatte die Wahl nicht, die Goethe hier stellt. In der ersten Zeit meiner Trauer hätte ich die »Beihilfen der Kultur« nicht aufnehmen können, auch wenn ich es gewollt hätte; ich konnte weder lesen noch Musik hören oder Bilder sehen. Ich war durch einen Vorhang von den Menschen und den Dingen der Erde getrennt. In einer späteren Zeit hätte ich mich ablenken lassen können; es wäre eine Flucht gewesen. Mir scheint, ob man seine Trauer im Glauben oder im Unglauben trägt, man muss lernen, nicht daran vorbeizugehen, sondern mit ihr zu leben. Die Trauer arbeitet an uns, sie macht uns Tag um Tag stärker, weil man sich nicht an den geliebten Menschen anlehnen kann; sie macht uns freier, weil man allein ist mit Gott. Sie zu unterdrücken, würde uns verkümmern. Fast ist mir jetzt, nach vielen Jahren, als würde ich meinen Schmerz lieben; jedenfalls ist er nicht mehr ein Feind, den ich bekämpfen muss, vielmehr ist er ein Teil von mir geworden, der mich entscheidend geformt hat, mehr als je das Glück es tat. War ich nicht im Schmerz auf eine gewisse Art glücklich, weil ich bei aller Qual Gott in die Arme geworfen wurde?

> »Das Leiden, das uns auf höchste Weise mit
> Gott vereinigt, indem es uns der Welt entreißt.«
> *Teilhard de Chardin*

Im Glück ist es sehr schwer, Gott nicht nur so »am Rande« mitgehen zu lassen.

Heute, da ich gelernt habe, mit meiner Trauer zu leben und die Trennung von Oki bewusst als Gottes Willen anzunehmen, heute bin ich dankbar für die »Beihilfen der Kultur«, die nun keine Ablenkung sind, sondern kleine Freuden auf meinem Weg zu Gott.

Der Witwenstand

Ein merkwürdiger Stand, der der trauernden Frauen, durch die Jahrtausende hindurch! Witwen, die man verbrannte, Witwen, die man zur Heirat zwang, Witwen, die man in das Haus verbannte, je nach den Sitten. Jesaja schreibt von der Schmach der Witwenschaft. Wenn es für gewisse Menschen und Völker eine Schmach war oder ist, so kann doch kein Mensch es hindern, dass wir aus Schmach und Qual Kraft und Segen pressen.

Die geheime Verbindung

Alle vier Minuten wird in der Bundesrepublik eine Frau Witwe – eine schaurige Statistik.

Zwischen Witwen gibt es eine merkwürdige Verbindung: Man versteht sich wortlos, auch wenn man sich wenig oder überhaupt nicht kennt, denn man trägt dasselbe Leid.

Als ich zum ersten Mal wieder das Antiquitätengeschäft von Frau V. betrat, kam sie, die ihren Mann vor einigen Jahren verloren hatte, auf mich zu und sagte einfach: »Sie sind jetzt auch allein.« Die Verbindung war hergestellt. – Frau D. hatte ich nur gelegentlich gesehen, sie schien mir eine kühle, vom Erfolg gepeitschte Geschäftsfrau zu sein. Einmal brachte sie mich in ihrem weißen Mercedes nach Hause. Sie trug einen aufreizenden roten Hut, an den ich heute noch denke, weil er so im Gegensatz stand zum Folgenden. Beim Abschied hatte ich ihren Mann erwähnt, der vor vielen Jahren gestorben war. Sie brach, das Steuer ihres Wagens umklammernd, in Tränen aus. Ein unvermuteter Kontakt war hergestellt, weil wir uns nun in einem Punkt gleich waren: Wir litten.

Es kann auch eine alte Freundschaft zu einer Frau, die vielleicht vor vielen Jahren ihren Mann verlor, sich in ein neues innigeres Verhältnis wandeln, wenn man selbst Witwe wird. Ein Wort, und man erlebt, wie bei der anderen Frau sich der Abgrund öffnet. Hier ist es gleich, ob die andere reich oder arm, jung oder alt, gebildet oder ungebildet ist: Die gleiche Note gekannt zu haben schlägt eine Brücke zu der anderen, und man ist nicht mehr allein.

Bilder

Unsere Porträtbilder verblassten in Schubladen; wir hatten uns selbst gehabt und sie nicht gebraucht. Eine mütterliche Freundin war es, die Fotos von Oki hervorholte und aufstellte, weil er der Hausherr gewesen sei und ein Recht habe, hier zu stehen.

Zuerst sah ich an den Bildern vorbei, wo Oki mir entgegenlachte mit unserer verlorenen Freude, und manchmal wollte ich sie zerreißen. Jetzt kann ich die Bilder ertragen, denn ich denke nicht nur an das Glück, das für uns vergangen ist, sondern ebenso an die Erfüllung der Verheißung, die vor uns liegt. Aber ich hänge nicht sehr an diesen Bildern; sie zeigen mir Oki, wie er war, nicht wie er jetzt ist in seiner anderen Form des Daseins. Ich weiß ihn zwischen einem Wunder und einem Geheimnis Gottes geborgen. Sein Geist verkörperte sich bei der Geburt, er entkörperte sich beim Tod. Dieses Werden und Verwandeln begreifen zu wollen wäre heute, wie zur Zeit Salomos ein »Haschen nach Wind«.

Das Hotelzimmer

Das Hotelzimmer, in dem ich lag, war wie eine böse Vision: hohe schmutzige Wände, eine Glühbirne oben an der Decke, ein schiefes Eisenbett, das Fenster auf einen dumpfen Lichtschacht. Carola hatte mich, auf einer Italienreise bei mir vorbeifahrend, einfach mitgenommen, und wir waren bei Dunkelheit irgendwo von der Strada del Sole abgebogen. Urlaub mit Oki, das war einst für mich ein Zauberwort der Freude gewesen; es hatte bedeutet, vom Haushalt und Beruf frei zu sein für ihn. Ohne ihn genügten mir die Sonntage; allein verbraucht man sich so wenig, und frei sein für sich selbst ist kein Glück. Ich war, außer zu Freunden, nicht mehr gereist. Es war meine erste Nacht allein in einem Hotelzimmer. Damals auf einem Bahnsteig, heute in diesem Hotelzimmer einer unbekannten Stadt: zwei Punkte der Verlorenheit. Nur in einem Luxushotel wäre ich noch einsamer gewesen, denn ich hätte mich nicht so wie in dieser nackten Hässlichkeit an Gott klammern können.

Warum fühlte ich mich verlassen? Ich war doch hier, auf diesem Eisenbett, in diesem verkommenen Hotel, nicht verlorener als zu Hause. Mein Heim gaukelte mir nur eine Geborgenheit vor. Von Oki war ich gleich fern und gleich nah, auf welchem Punkt der Erde auch immer. Und Gott war überall da.

Die etruskischen Graburnen

Von Siena kommend, besuchten Carola und ich das Etrusker-Museum in Volterra mit seinen Tausenden von Graburnen, sorgsam nach den Motiven der Reliefs geordnet. Vom Deckel der Urnen aus blickten mir die Toten mit ihrem aufgerichteten Oberkörper ins Gesicht – Tausende von Toten mit übergroßem Kopf und bizarr verkürztem Körper. Ich lief ergeben von Raum zu Raum, bis mich ein Motiv fesselte: »Der Abschied vom Toten.« Dargestellt waren Familienszenen: Entsetzen, Ergebenheit, Hoffnung und beklemmende Angst, Verzweiflung, alle Stadien der Trennung durch den Tod; beim letzten Abschied sind die Gefühle aller Menschen zu allen Zeiten gleich. Der Deckel der Urne bannte mich; er zeigte ein altes Ehepaar, die großen Köpfe vom Lebenskampf zerfurcht, die zu kurzen Körper leicht aufgerichtet, und in der Art des Zueinanderliegens, im Blick lag eine stumme Vertrautheit und Verbundenheit, die der Tod nicht löschen würde.

Die Griechen haben den Tod, für sie jener Zwillingsbruder des Schlafes, als einen jungen Knaben dargestellt, mit einer Fackel, die verlöscht. Jung, warum? Im Abendland wurde der Tod zeitweise zum alten Knochenmann, zum Skelett mit der brutalen Sense. Alt, warum? Der Tod – ein Teufel? Sollte, was zu Gott führt, nicht ein guter Geist sein, sanft, erquickend? Im mittelalterlichen Fresco vom »Triumph des Todes« im Campo Santo von Pisa erscheint der Tod, wie bei den Griechen, als Engel, der eine noch brennende Fackel schwingt, die er bald für die fröhliche Gesellschaft löschen wird. Wie selten erscheint in der christlichen Kunst der Tod als Engel, wie oft ist er der Knochenmann mit der Sense! Ich habe nie verstanden, aus welchem Gefühl heraus man überhaupt den Tod personifiziert. Für mich gibt es keinen Tod als hässliches Gerippe oder als schönen Knaben, es gibt für mich nur den toten Körper und das Hinübergehen des Geistes zu Gott.

Dieses Hinübergehen aber, dieses Geheimnis Gottes, das für den einen voller Licht und für den anderen voller Entsetzen ist, dieses Geheimnis, an dem das Leben des Gläubigen und des Ungläubigen von ihrem ersten Atemzug an hängt, wird kein Künstler je mit seinen Ausdrucksmitteln gestalten können. Man kann hingegen den Abschied darstellen, den Riss, die Trennung durch den Tod auf der Erde in allen Phasen der Verzweiflung, der Hoffnung, der Angst. Das tun die Etrusker bei diesem Motiv, und das berührte mich, weil es mir wahr und natürlich erschien.

Er wird verdrängt

Irgendwann wird der Tote verdrängt. Mit der Zeit nimmt er immer weniger Platz ein; zuerst braucht man nur ein Fach und rückt seine Papiere ein wenig zur Seite; dann braucht man einen halben Schrank und hängt seine Kleider weg. Ich verdrängte dich, weil ich dir näher sein wollte, und es begann, als ich mich entschloss, in deinem Zimmer zu arbeiten.

Auf deinem Schreibtisch lagen noch Dinge, die du gebraucht hattest: die Mappe, die chinesische Schale mit den Bleistiften, die Zinnschüssel. Zuerst nahm ich nur die Mappe weg, in der du Notizen für deine Erinnerungen aufbewahrt hattest. Dann brauchte ich Platz für meine Referate und leerte den Eckschrank.

So verdrängte ich dich, indem ich dir nahe sein wollte. Das war der erste Schritt, andere folgten; Gründe gab es immer, kleine, klägliche Vorwände. Kein anderer Mann nimmt deinen Platz ein, aber du, Toter, wirst verdrängt. Jedes Mal hatte ich ein schlechtes Gewissen, obgleich mein Verstand sagte, dass es dir nicht weh täte und dass diese Umordnungen völlig gleichgültig seien. Ich mochte rationalisieren wie ich wollte, es blieb mir ein schaler Geschmack und das Gefühl, dich zu verraten.

Ich kann mich nicht erinnern

Vielleicht werde ich eines Tages deinen Gesang nicht mehr hören, dein Lächeln nicht mehr sehen, deine Zärtlichkeit nicht mehr fühlen. Ohne hierüber nachzudenken, habe ich mit meinen Erinnerungen gelebt, als sei dies selbstverständlich. Mich erinnern zu dürfen, hatte ich nicht als Geschenk aufgefasst, und nun entsetzt mich der Gedanke, dass die Erinnerung eine Funktion des Gehirns ist, mit dessen Nachlassen ich dich noch einmal, dann aber entscheidend verlieren könnte.

Warum beunruhige ich mich? Ich bin doch auf dem Weg in jene Welt, wo es kein Vergessen und Verlieren geben wird!

Ihn nicht zurückrufen

Habe ich weniger geliebt als Laodamia oder Ricarda Huch? Die eine flehte so inbrünstig um den vor Troja gefallenen Geliebten, dass er aus dem Reich der Toten für kurze Zeit zu ihr zurückkehren durfte. Ricarda Huch könnte nicht im Paradies freudig schreiten, wenn ihr auf der Erde mit dem Geliebten nur alle hundert Jahre eine Stunde geschenkt würde …

»die den Schlaf der Bahre
von uns beiden nähme,
dass wir uns erkennten
trotz des Todes Walten
und in unserer alten
Liebe jäh entbrennten.«

Nein! Unser Körper und unsere Liebe sind eine Stufe, die vergangen ist. Ich denke viel daran, aber ich will dieses Glück nicht wieder kosten, das einst, wenn uns Gott zu unerahnter Seligkeit führen wird, wie ein leiser Hauch erscheinen mag. Oki zurückzuerflehen würde unseren Weg verlängern. Ich bin ungeduldig, mich auf das Ende hin zu entwickeln, wie Gott es will. Einem Heimgegangenen, der Gott so viel näher ist als wir, sollten wir nachschreiten, nicht ihn zurückrufen.

Gerüchte

»Ich fürchte den Tod nicht, aber ich habe Angst, Liliane allein zu lassen«, fand ich von Oki in seinem Gesangbuch eingetragen.

Wir stehen am Rand eines Krieges, so glauben die Leute. Viele packen ihre Koffer, manche kaufen Vorräte, wer Besitz hat, sorgt sich. Ich brauche keine Angst um Oki zu haben. Aber inmitten der aufgescheuchten Menschen bin ich plötzlich verloren wie auf jenem Bahnsteig und in jenem Hotelzimmer einst. Und wieder erfahre ich: Je einsamer ich bin, umso mehr ist Gott mir nahe. Es gibt keinen geborgenen Punkt auf der Erde; Krieg, Krankheit, Alter, Tod scheuchen uns auf. Ich hänge immer und überall von Gottes Gnade ab, in ihr bin ich immer und überall geborgen.

Oki hätte sich um mich nicht zu sorgen brauchen, aber dass er es tat, bringt mir Trost.

Am Ende?

Bedeuten diese Aufzeichnungen, dass ich *wissen* will, wo Gott geboten hat zu *glauben?* Nein, aber ich habe Sinne, die ich nicht abschalten kann, und wenn ich täglich an das Jenseits denke, kann ich es nur mit gewissen Vorstellungen tun, wissend, dass sie bloß ein Behelf sind für die Begrenztheit meiner Sinne und meines Geistes. Jesus selbst gab uns die Hilfen, die uns angemessen sind. Er nannte Gott unseren »Vater«, er sagte von den Heimgegangenen: »Gott ist ein Gott der Lebenden und nicht der Toten«, und er verkündete dem Sünder neben ihm: »Heute wirst du mit mir im Paradiese sein«. Anders können wir, in unserer irdischen Daseinsform, Gott und seine Schöpfung nicht erfassen. Unser »Wissen« über Gott ist die Sehnsucht in uns und unsere Liebe. Christ sein bedeutet den Worten Christi vertrauen und Gott lieben, der das Wort Fleisch werden ließ, damit wir ihm so nahe kämen, wie es mit unseren Sinnen und unserem Geist möglich ist, und wir in allen Qualen *jetzt* die Freude *einst* ahnen.

In einem Artikel von Max Seckler las ich von einem Professor der Theologie, der, nachdem er ein Leben lang gelehrt hatte, in den Ruhestand trat und nun anfing, sich persönlich mit dem Tod und dem Jenseits zu befassen, was vorher nicht zum engeren Kreis seines Fachs gehört hatte. Er wollte wissen, wohin er ginge. Aber nach Jahren des Forschens warf er alle Bücher hin und stellte fest, unwissend würde er den letzten Schritt tun. Er tat ihn unwissend und, wie es heißt, gläubig. Ist es nicht so, dass der Glaube eben auf diesem Boden des *Nicht-Wissens* stark wird und *nur* darauf wachsen kann?

> »Das Christentum ist nicht Sache des Wissens,
> sondern des Gewissens, nicht des Verstandes,
> sondern der inneren Erfahrung.«
> *Melanchthon*

Der Tod ist ein Beginn

Welchen Sinn hat das Leben?, wollte ich mit siebzehn Jahren wissen. Ich nehme an, dass alle jungen Menschen dies einmal wissen wollen oder, wenn sie die Frage nicht so konkret stellen, doch unbewusst zu ergründen suchen. Damals fand ich keine Antwort, heute dünkt sie mich merkwürdig einfach: reif werden für Gott. Alle Freuden und alle Schmerzen führen zu Gott, der Schmerz über den Tod aber mehr als ein anderes Erleben. Die Freude meines Lebens, meine Ehe mit Oki, wandelte sich in den Schmerz um seinen Tod. Doch der Glaube, einst wie Oki in Gottes Reich gerufen zu werden, wandelte diesen Schmerz zur Freude.

Ich lebe jetzt mit dem Tod, aber nicht mit abschreckendem Entsetzen, sondern als Maßstab für das Wesentliche und Unwesentliche in meinem Leben; als Ansporn zur Heiterkeit, denn durch ihn werde ich geliebte Menschen wiederfinden; und als Sinngeber für mein Schaffen, weil mein Bemühen in seiner noch so unbedeutenden Winzigkeit vielleicht dem Endziel Gottes dient.

> »Glauben wir, dann beginnt alles um uns herum zu leuchten.«
>
> *Teilhard de Chardin*

Auch der Tod leuchtet. Er war für Oki ein *Beginn,* und er wird auch für mich ein Beginn sein. Im Krankenhauszimmer sah ich in dem Bett hinter meiner Mutter in einem Jahr fünf alte Frauen sterben, armselige, hoffnungslose Fälle. Der Tod ist dort unwichtig, weil er auf der Tagesordnung steht.

Die physischen Schmerzen können entsetzlich sein, nicht der Tod. Wie bei den Mönchen auf dem Berg Athos schien er mir im Krankenhaus ein Sinnbild für das Nichtige zu sein. Wer viel mit dem Tod lebt oder an ihn denkt, für den wird er merkwürdig unbedeutend, bedeutend eben nur als ein Beginn in einem anderen Bereich Gottes.

Ich bin auf dem Weg dahin, wo Jesus Oki eine Stätte bereitet hat und wo er auch mir eine Stätte bereiten wird – wie könnte ich ohne Freude sein?

Oki wandelte in seinem Gesangbuch Paul Gerhardts Kleinod ab:

O Haupt voll Blut und Wunden,
du hast es überwunden.
Für uns steht noch die Qual bereit –
sie führt in Gottes Ewigkeit!

Durch alle Not erkämpfe ich mir Freude an jedem neuen Tag, den Gott mir zumisst. Der Tod ist nur ein Schritt nach Millionen Schritten, ist aber der Schritt, der mich aus der Hoffnung in die Gewissheit Gottes bringen wird.

Ein Nach-Kapitel

Briefe

Als kurz nach dem Erscheinen dieses Buches – Jahre sind seitdem vergangen – der Brief einer Unbekannten bei mir eintraf, war ich erschrocken. Ich hatte nicht daran gedacht, dass meine Aufzeichnungen mich mit der Trauer anderer konfrontieren könnten. Es war mein erstes Buch, und ich hatte keine Erfahrungen mit Lesern; das hätte mir in diesem Fall auch kaum geholfen. Der Brief war eine erschütternde Klage. Ich trug dieses fremde Leid durch die nächsten Tage mit mir herum. Ich wusste ja, was diese Frau litt, und ich wollte auf diesen Schrei der Verzweiflung antworten – aber was? Eben weil mir diese Unbekannte durch ihr Leid nicht fremd war, wusste ich, dass es in diesem frühen Stand der Qual kaum ein Wort der Linderung gibt. Meine Unfähigkeit, trösten zu können, bedrückte mich. Und dann kam ein zweiter Brief, und dann waren es viele fremde Rufe aus der Verzweiflung. Sie wurden meine Begleiter durch die Jahre. Und vor jeder Antwort war mir bang. Würde ich die heilenden Worte finden?

Nun las ich meine Antworten wieder. Ich hätte diesen Briefwechsel mit Trauernden nie in die Hand genommen, wenn ich nicht gefragt worden wäre, ob ich für eine Neuausgabe des Buches etwas darüber schreiben könnte. Ich zögerte, bis ich den Mut fand, diese Schreie des Leids noch einmal zu hören. Ich schob es immer wieder hinaus. Als ich endlich zu lesen begann, hätte ich am liebsten gleich aufgehört. Ich war beschämt und traurig; hohl klang mir alles, was ich geantwortet hatte. Da lag der Stapel vor mir und klagte mich an. Es war, wie jene Leserin mir schrieb: »All das Reden der Menschen dringt wohl an mein Ohr, aber nicht *in* mein Ohr, geschweige denn in mein Herz oder meine Seele.« Ich hatte nicht vermocht, den Wall zu durchbrechen, der sich um jeden Trauernden erhebt. Wie aber rennt man gegen diese Mauer an?

Jener Wall

»Ich bin eingefangen in einem furchtbaren Schmerz.«
»Es ist ein ewiger Kreislauf, verzweifelt, grausam und unbarmherzig.«
»Ich zerfleische mich selbst, und ich finde doch keine Möglichkeit, es nicht zu tun.«
»Nur den Bruchteil eines Augenblicks finde ich mich zurecht, aber schon in der nächsten Sekunde schreit alles in mir nein, nein, nein!«
»Ich bin wie ausgebrannt.«
»Das Leben verrast, und ich bin gefangen in meinem Schmerz.«
»Ich habe noch immer ein erloschenes Herz.«
»Wie ist es nur möglich, dass ich diesen Zustand jetzt schon so lange aushalte?«
»Ich weiß nur, dass ich mich immer im Kreis drehe und dass ich mir nicht vorstellen kann, wie es je ein Entrinnen aus diesem Kreislauf geben soll.«
»Panik überkommt mich.«
»Ich schreie nach meinem Mann. Ich kenne mich selbst nicht mehr.«
»Die Sehnsucht nach meinem Mann zerreißt mich. Wie soll ich das aushalten?«
»Warum müssen wir keine Grenzen der Verzweiflung finden? Warum müssen wir immer und immer wieder weinen und so leergebrannt sein? Warum? Warum?«
»Die Sehnsucht wird immer größer und zerfrisst mich. Ich bin der Qual ausgeliefert.«
»Ich bin immer zerrissener und wunder.«
»Nicht in den schlimmsten Träumen könnte man sich vorstellen, was man erleiden muss. Ob das nie ein Ende nimmt?«
»Ich bin am Ende meiner Kräfte. Keiner kann helfen. Wie soll das weitergehen?«

Ach, wie ich dieses Leid kannte, dieses Eingekapseltsein in der Qual! Und keiner kann uns erlösen. Erlösen nicht, aber begleiten.

Nicht mehr allein

In diesem zermürbenden Kreisen um seinen Schmerz, zu dem man wie in einem Bann herumgetrieben wird, kann einer uns zum Gefährten werden, der uns völlig unbekannt ist, wenn er nur dasselbe durchlitten hat wie wir. Das zeigten mir die Briefe, die ich erhielt. Sie waren nicht nur bedrückend, sie brachten mir auch einen Dank, der mich beglückte und verwirrte, denn was hatte ich getan? Doch nur geschrieben, wie ich mit meiner Qual rang, weiter nichts. Und das machte mich zur Begleiterin der trauernden Menschen.

»Man fühlt sich auf einmal verstanden, nicht mehr so allein.«
»Erst fürchtete ich mich beim Lesen, dann große Gemeinschaft und Wohltat.«
»Ich fühlte mich nicht mehr so verlassen, denn eine andere Frau hat dasselbe erlebt und genauso gefühlt und empfunden.«
»Mein einsamer Weg ohne Licht wurde zu einem Wandern mit anderen, die Gleiches tragen.«

Im Jubel fühlt man sich nicht zu einem Unbekannten hingezogen, der ebenso beseligt ist wie man selbst, man sucht auch nicht nach ihm, man braucht keinen anderen Glücklichen neben sich, wenn man in der Freude lebt. Es gibt kaum ein Zusammengehören von Glücklichen, die sich fremd sind, aber es gibt eine Gilde der Trauernden, obwohl sie sich nicht kennen. Das ist eine besondere Schar. Ein wortloses Verstehen über alle Ungleichheiten und Unbekanntheiten hinweg. Es genügt zu wissen, dass der andere ebenso leidet.

Ein junger Pfarrer schrieb mir, dass mein Buch ihn auf den Gedanken gebracht habe, die Witwen seines Dorfes zu einem Gottesdienst einzuladen. Es sei Verwunderung aufgekommen in seiner Gemeinde, denn diese besondere Aufmerksamkeit sei ja nicht üblich. Er habe danach viele dankbare Stimmen gehört. Ein schöner Gedanke, dieser Gottesdienst. Er wird vielen geholfen haben an diesem Sonntag. Die Glücklichen brauchen keine besondere Feier.

Das gleiche Erleben

Je mehr Briefe ich erhielt, umso betroffener machte es mich, wie die Qual der anderen der meinen glich. Das bestätigte mir, was ich geahnt, aber nicht gewusst hatte: die Gleichheit im Leiden, sosehr jeder seine Trauer erlebt als die ihm ganz eigene, als die einzige, die einmalige.

»Manchmal erschreckte es mich beim Lesen Ihres Buches, wie genau Sie ausdrückten, was ich empfand.«
»Ich habe nicht geahnt, dass wir Menschen einander so gleich sein oder werden können, wenn wir vom gleichen Schlag getroffen sind.«
»Es war mir oft, als hätte mir ein anderer meine eigenen Gedanken, mein Empfinden niedergeschrieben, sie in Worte gekleidet.«
»Mir kam es vor, als hätte ich dies alles selbst geschrieben.«
»Beinahe jede Zeile könnte ich unterstreichen, da ich dasselbe empfunden habe und immer noch empfinde.«
»Ich habe mit Erschütterung festgestellt, dass alles, was Sie erlebten, auch mein Erleben war.«
»Worte, als wären es die eigenen.«
»Alle meine Schmerzen stehen in Ihrem Buch.«

»Es war mir, als würden Sie genau meine Gedanken aussprechen.«
»Dass es das gibt, so bis in Kleinigkeiten hinein ein gleiches Empfinden in allem Erleben!«
»Bei jeder Zeile in Ihrem Buch fühle ich mich angesprochen.«
»Sie sagen alles, was ich kenne, womit ich mich quäle, ja jede Seite spricht das meine, nicht vom Erleben eines anderen Schicksals.«
»Beim Lesen hat es mich immer wieder überrascht, wie ähnlich, ja manchmal identisch wir Menschen in unserem inneren Erleben sind.«
»Sie haben aus Ihrem Erleben heraus all das ausgedrückt, was ich fast genauso erlebt habe.«

Der Dialog

Ich hatte von meinem Leiden geschrieben, und es war das Leiden der anderen. Aber nun wollten die anderen sich ausdrücken. Habe ich den heilenden Dialog aus ihnen gelockt? Habe ich, wo es zu Beginn einer Trauer fast keine Worte des Trostes gibt, sie angeregt, sich mitzuteilen, im Gespräch oder in Briefen, und damit dem anderen direkt geholfen, wo ich es bis jetzt nur indirekt getan hatte? Ein Trauernder ist ja so dankbar, wenn er nur fühlt, dass ein anderer aus seinem erfahrenen Leid heraus bereit ist, ihm zuzuhören!

»Ich muss mit jemandem sprechen, der mir, obwohl als Person unbekannt, mit gleichem Erleben sehr nahe verbunden ist.«

»Ich dachte immer wieder: Gibt es wohl noch einen Menschen, der das Leid und den Verlust des geliebten Mannes so wie du empfindet und erleidet? Ich wagte auch kaum mit jemandem darüber zu sprechen, weil ich merkte, dass dies doch nicht verstanden und nachempfunden werden kann.«

Der Schrei

Manchmal entschuldigte sich ein Trauernder für seine Klage. Ich konnte ihm schreiben: Auch Hiob hat in seinem Leid geklagt und geschrieen, aus tiefem Glauben. Und Gott hat ihm Recht gegeben und nicht seinen Freunden, deren Trost billig war. Es ist ja nicht so, dass, wer an Gott glaubt, weniger leidet als der Atheist. Wir würden alle gläubig werden, wenn der Glaube uns vor Schmerz bewahren könnte. Die Trauer ist zuerst einfach der Schmerz, der das Fleisch zerreißt, die Marter des Durchschnitten-Werdens, wo zwei eins waren. In dieser ersten Zeit dürfen wir schreien, wenn wir es vor Gott tun. Heute wundert man sich, als sei es neu, dass der Mensch sich durch den Schrei befreien kann; nur dünkt mich ohne Gott dieser Urschrei ein bloß kreatürlicher Ausbruch, keine Erlösung. Die Klage, stumm oder laut, ist der natürliche Anfang der Trauer. Aus einer langsamen, sehr langsamen Überwindung erwächst die neue stille Kraft. Wer trauert, muss Geduld haben, viel Geduld.

Die Wandlung

Ich, der ich die erste Stufe der Trauer, die der Klage, schon überschritten hatte, als ich jene Briefe erhielt, musste Acht geben, nicht zu reden wie die wortfreudigen Freunde Hiobs, deren Trost Gott abtut. Ach, meine Antworten waren, obgleich ich mitlitt, doch nur ein Stammeln. Ich hatte mein Leiden geschildert und anderen zugehört, aber die entscheidende Hilfe, die aufrichtenden Worte, die jeden Einzelnen in seinem persönlichen Ringen stärken sollten, hatte ich nicht gefunden. Muss es vielleicht so sein, dass der Trauernde sich allein durchringen muss, um stark zu werden? »Ich lasse dich nicht, du segnest mich denn!«

Die Trauer formt uns unter Qualen; sie hat ihre Zeit; einst trug man zwei Jahre lang tiefe, schwarze äußere Trauer. Nun, da ich diesen Briefwechsel wieder las, wurde mir bewusst, wie ich mich selbst gewandelt hatte. Auch die anderen werden diese Wandlung erfahren haben, schneller oder langsamer. Der Schmerz hat an uns seine Arbeit getan. Er hat uns verändert. Er hat uns nicht zerstört. Er hat uns stark gemacht. Stärker im Leben und im Glauben. Und heiterer.

Die Erlösung

Was unser größtes Leid ist auf der Erde, der Verlust eines Menschen – der leibliche Verlust –, ist gewaltige Freude für den Heimgegangenen. Wir verlieren ihn für eine Zeit, und er gewinnt Gott für immer. Totenfeiern könnten Freudenfeste sein, wenn wir uns nicht an den Toten klammerten, statt ihn freizugeben. Der Vater des Schriftstellers Dos Passos schrieb, da er noch gesund war, einen Brief, der nach seinem Tod zu öffnen war. Darin stand: »Da ich den Tod nur als eine Etappe auf einer ewigen Reise betrachte, und da ich überzeugt bin, in ein besseres und glücklicheres Leben einzugehen, wünsche ich nicht, dass meine Angehörigen Trauer tragen. Im Gegenteil: Ich erwarte von ihnen, dass sie das Ereignis mit Freude begrüßen und es, statt mit feierlichem Ernst, mit Frohsinn und Munterkeit feiern.« Wir aber möchten uns den Toten zurückholen, ihn Gott entreißen, auch wenn wir ihn hier neuem Leid aussetzten. Kein Leben geht zurück. Es dauert seine Zeit, bis wir aus Klage und Rebellion den Heimgegangenen freigeben seinem Glück, ihn Gott überlassen und im Vertrauen tätig warten, bis wir ihm folgen dürfen. Wir denken dann nicht nur an das, was wir hier verloren haben, sondern an das, was wir drüben finden werden. Die Heiterkeit besiegt den Schmerz.

Der Tod bringt ja nicht nur Leid. Die bewusste Erfahrung des Todes hebt den Menschen zu Gott. Indem wir Trauer und Tod bewältigen, kommen wir ihm näher. Der Mystiker Suso sagt: »Ein Mensch, der nicht gelitten hat, was weiß der?« Es gibt nicht nur den Schmerz der Trauer, es gibt auch die Gnade dieser Marterung. »Meinen Mann kann mir niemand wiedergeben«, schrieb mir eine Witwe – doch, einer kann es: Gott, auf eine Art, die wir nicht kennen. Wir vertrauen.

Einmal stand in einem Brief: »Aus eigener Erfahrung schrieben Sie mir Worte des Trostes. In manchem schienen sie mir unfassbar und fast unglaubhaft: ›Der Schmerz nimmt ab, die Freude nimmt zu, haben Sie Vertrauen …‹. Nun bin ich länger als zwei Jahre Witwe, und das von Ihnen vorhergesagte Wunder ist geschehen: Täglich ist mein Herz von tiefer Freude erfüllt, der Schmerz ist nicht mehr bitter.«

Alles aus Gott ist Wunder.

Bibliografische Information der Deutschen Bibliothek
Die Deutsche Bibliothek verzeichnet diese Publikation in der Deutschen Nationalbibliografie; detaillierte bibliografische Daten sind im Internet über http://dnb.ddb.de abrufbar

Kreuz Verlag, Stuttgart
in der Verlagsgruppe Dornier GmbH
Postfach 80 06 69, 70506 Stuttgart

www.kreuzverlag.de
www.verlagsgruppe-dornier.de

Umschlaggestaltung: Bergmsoer + Höller Agentur, Aachen
Umschlagbild: © Fancy/Veer/f1online
Satz: de·te·pe, Aalen
Druck: Clausen & Bosse, Leck

ISBN 3-7831-2801-3
ISBN 978-3-7831-2801-7